Cuando circunstancias inesperadas nos sacuden hasta lo más hondo, es natural que sintamos temor e incertidumbre, pero ¿y si pudiéramos aprender a intercambiar nuestro temor por la certeza de que los planes de Dios son buenos? Estoy muy agradecida de que mi amiga Christine haya escrito este mensaje que cambia nuestra perspectiva. Me encanta la certeza calmada y la verdad bíblica que *Inesperado* susurra a mi alma.

—**Lysa TerKeurst**, autora de éxitos de ventas del *New York Times* y presidenta de Proverbs 31 Ministries

Christine Caine es sin duda una voz ungida para nuestro tiempo, y sus palabras desencadenan una claridad poco común. Consideremos estas páginas de alto octanaje para el alma.

—**Ann Voskamp**, autora de los éxitos de ventas del *New York Times*, *Quebrantamiento y Un millar de obsequios*

El temor es el enemigo silencioso que evita que alcancemos el potencial que Dios nos ha dado. Christine es una profesional a la hora de ayudar a los lectores a derrotar el temor armándolos con la verdad de Dios.

—**Mark Batterson**, autor del éxitos de ventas del *New York Times*, *El hacedor de círculos*, Pastor principal de National Community Church

Con la sabiduría de Chris, su transparencia y unción, serás preparado e impulsado para llegar a ser una fortaleza plantada en la verdad de quien Dios sabe que eres.

—**Sarah Jakes Roberts**, autora, oradora y copastora de The Potter's House LA y Denver

Bobbie y yo hemos observado el viaje de Christine desde el día en que recibió a Cristo en la Iglesia Hillsong a principios de la década de 1990, hasta la vida que en la actualidad tienen su familia y ella. Hemos visto su enfoque inquebrantable a la hora de abordar diversos eventos inesperados en la vida, y cómo se ha mantenido llena de fe y pasión incluso tras la estela de la dificultad.

—**Brian Houston**, pastor de la Iglesia Hillsong

Si alguna vez te has encontrado preguntando a Dios "¿por qué?", agarra este libro y abre tu corazón para descubrir la verdad que te dará esperanza.

—**Craig Groeschel**, pastor de Life Church,
autor de éxitos de ventas del *New York Times*,
Esperanza en la oscuridad,
Creer que Dios es bueno cuando la vida no lo es

Todos llevamos en nuestro interior a un pequeño "obsesionado por controlar". En *Inesperado*, Christine ayuda a los lectores, de modo magistral, a entregar las riendas a Dios, desatando su potencial al ayudarlos a aceptar lo inesperado. Si tienes el más mínimo temor al cambio, necesitas este libro.

—**John C. Maxwell**, autor de éxitos de ventas, coach y orador

Me encantan las verdades profundas que hay en las páginas de este libro. Chris comparte que Dios puede moverse en los momentos inesperados de la vida de tal modo que nos deja alentados, amados y llenos de fe.

—**Kari Jobe Carnes**, líder de alabanza, compositora

Me refiero afectuosamente a mi querida amiga Christina como el "Hura-Caine": ella es rápida e impredecible. En *Inesperado* nos muestra que aunque puede que la incertidumbre esté en nuestro futuro, el temor no tiene que ser nuestra previsión.

—**Steven Furtick**, pastor, Elevation Church
y autor de éxitos de ventas del *New York Times*

Inesperado es un manual de campo para silenciar las voces del temor, el desengaño y la inseguridad que evitan que vivamos la vida plena y libre que Dios quiso para nosotros. Agarra dos ejemplares para ti mismo, y quince para tus amigos... ¡este libro es lectura obligada!

—**Louie Giglio,** pastor de Passion City Church
y fundador de las Conferencias Passion

Cuando oí a Christine Caine predicar por primera vez, lo hizo sentada en una motocicleta en medio del escenario. ¡Fue inesperado! *Inesperado* es Christine Caine en su mejor momento, escrito con gran vulnerabilidad. Tiene base bíblica, está ilustrado de manera hermosa, y es inmensamente relevante para toda nuestra vida.

—**Rev. Nicky Gumbel,** vicario de Holy Trinity Brompton

Christine no se limita a *escribir* sobre conquistar el temor al sufrimiento y las dificultades inesperadas; ¡ella es la condenada gladiadora del evangelio que mueve la espada de la verdad mientras ataca territorio aterrador!

—**Lisa Harper,** autora de éxitos de venta y maestra de la Biblia

INESPERADO

DEJA ATRÁS EL MIEDO, SIGUE ADELANTE EN FE,

ABRAZA LA AVENTURA

CHRISTINE CAINE

Traducción al español por:
Belmonte Traductores
Manuel de Falla, 2
28300 Aranjuez
Madrid, ESPAÑA
www.belmontetraductores.com

Editado por: Ofelia Pérez

Inesperado
Deja atrás el miedo, sigue adelante en fe, abraza la aventura

Publicado originalmente en inglés bajo el título *Unexpected* por Zondervan.

ISBN: 978-1-64123-251-7
Ebook ISBN: 978-1-64123-252-4
Impreso en los Estados Unidos de América.
© 2019 por Christine Caine

Whitaker House
1030 Hunt Valley Circle
New Kensington, PA 15068
www.whitakerhouseespanol.com

Por favor, envíe sugerencias sobre este libro a: comentarios@whitakerhouse.com.

1 2 3 4 5 6 7 8 9 10 11 WH 24 23 22 21 20 19

Dedicado a mi madre espiritual: Joyce Meyer

Y a Aquel que es poderoso para hacer todas las cosas mucho más abundantemente de lo que pedimos o entendemos, según el poder que actúa en nosotros.

Efesios 3:20 (RVR1960)

CONTENIDO

UNA INVITACIÓN A LO INESPERADO

Esperar lo inesperado muestra un intelecto totalmente moderno.

—Oscar Wilde

Para mi cumpleaños número cincuenta, Nick me hizo el mayor regalo hecho jamás. Invitó a 150 de nuestros amigos más queridos a una gran celebración que había estado planeando durante un año. Fue una cena en un crucero con comida maravillosa, baile, un hermoso pastel, y muchas risas.

Fue una de las noches más asombrosas de mi vida. Y como descubriría más adelante esa misma noche, también se convertiría en una de las noches más tristes de mi vida.

Mientras estaba en el barco bailando Zorba el griego con todos mis amigos, perdí varias llamadas telefónicas de mi hermano Andrew. Las vi en el camino de regreso a casa, junto con un texto inesperado: "Mamá ya no está".

En cuestión de minutos pasé de disfrutar los recuerdos de la noche más feliz imaginable, a sentirme profundamente afligida. El shock de todo aquello fue como un latigazo.

Había hablado con mi madre ese mismo día, cuando mi otro hermano, George, le había ayudado a conectarse conmigo mediante FaceTime. Aunque ella llevaba algún tiempo enferma, pensé que nos quedaban por lo menos algunos meses más. Incluso le había dicho que volvería a llamar después de la fiesta, ya que esperaba hablarle de toda la diversión con todo detalle.

Siempre atesoraré el último recuerdo que tengo de ella: mirando su cara, viendo su dulce sonrisa, y oyéndole decir: "Te amo".

Un regalo tan inesperado justamente antes de una pérdida inesperada.

Es extraño cómo la vida puede ser así: tan llena de grandes sorpresas, tanto buenas como malas, y algunas veces todas en el mismo día. Podemos pasar de limpiar después de una fiesta de cumpleaños a organizar un funeral. De oír un diagnóstico sorprendente a dar la bienvenida a nuestro primer nieto. De una notificación de despido en el almuerzo hasta una proposición de matrimonio en la cena. De una reparación inesperada del vehículo un día hasta un ascenso y una promoción al día siguiente. Desde planear unas vacaciones hasta perderlo todo en un huracán.

Parece que lo inesperado es uno de los misterios de la vida, algo sobre lo cual no tenemos control, pero que está garantizado que vamos a experimentar cada día.

Desde luego, por lo general no nos importa lo inesperado cuando es feliz o no tiene consecuencias, pero cuando lo inesperado provoca temor en nuestro corazón o es profundamente doloroso, como perder a alguien a quien queremos, puede lanzarnos a un estado tan devastador que nos retiramos o nos cerramos, y somos incapaces de seguir adelante en…

- Nuestro matrimonio
- Una amistad
- Nuestra salud
- Nuestra carrera
- Nuestra fe

Sacudidos y después inmovilizados por algo que no esperábamos nunca, terminamos en un lugar donde nunca queríamos estar. Atascados en un lugar donde nuestro mundo se encoge y nos ocultamos en su interior, viviendo una historia mucho más pequeña de la que Dios quiere, renunciando al futuro que podría haber sido el destino para el cual nacimos.

Todos hemos estado en ese lugar, tentados a alejarnos y ocultarnos cuando fuimos heridos, decepcionados o desilusionados. Cuando enfrentamos el fracaso o soportamos otro sufrimiento. Cuando sufrimos una pérdida que era más de lo que sentíamos que podíamos soportar. Cuando nos hicimos promesas a nosotros mismos de que nunca permitiríamos que tal dolor volviera a sucedernos. Pero no podemos cumplir ese tipo de promesas; no si queremos entrar en todas las promesas *de Dios*. No si queremos vivir con toda la pasión que Él puso en nuestro interior. No si queremos cumplir el propósito y el destino que Él tiene para nosotros.

No.

No podemos acobardarnos con temor y seguir adelante en fe al mismo tiempo. No podemos conformarnos con nuestra *pérdida* y buscar al mismo tiempo el *más* de Él. Sencillamente no es posible.

Lo que sí *es* posible es aceptar su misericordiosa invitación a confiar más en Él ante nuestro dolor; a avanzar hacia una intimidad más profunda con Él y permitirle que sane nuestros corazones. A desarrollar una fe implacable, de modo que la próxima vez que la vida nos lance una bola curva, lo cual ciertamente sucederá, seamos capaces de batearla, sacarla de la cancha y seguir viviendo la aventura que Él ha planeado para nosotros. Y quizá, incluso, viviremos una versión de la aventura que está por encima de lo que jamás podríamos haber esperado o imaginado, todo debido a lo inesperado que interrumpió nuestra vida al principio.

Creo con todo mi corazón que es posible para todo cristiano aprender a vivir con una fe tan confiada en Dios que no pueda ser sacudida, incluso cuando está cediendo el suelo que tenemos bajo nuestros pies. Eso es lo que hizo Abraham. Dios le hizo a él la misma invitación que nos hace a nosotros: a confiar con todo su corazón, y Abraham dijo «sí» aunque no tenía ni idea de adónde le conduciría su aceptación. Estuvo dispuesto a entrar en lo inesperado sin saber adónde iba, a quién conocería, o cuál sería el costo. Él no sabía qué dolor podría haber por delante, pero sabía que Dios estaría a su lado. Él sabía que Dios lo guiaría, lo protegería y proveería para él, y se negó a ser movido:

> Por la fe Abraham, cuando fue llamado para ir a un lugar que más tarde recibiría como herencia, obedeció y salió *sin saber a dónde iba.*
>
> Hebreos 11:8, énfasis añadido

Como Abraham, sé lo que se siente al seguir adelante sin saber adónde voy, al arriesgarlo todo y confiarle a Dios un futuro desconocido. A lo largo de los años de mi caminar cristiano he pasado de ser voluntaria en un ministerio juvenil local cuando tenía veintitantos años, a dirigir una organización global contra el tráfico de personas en doce países, a continuar lanzando nuevas iniciativas con mis más de cincuenta años. He pasado de vivir en Australia donde comencé en el ministerio, me casé y tuve hijos, a trasladar la base de nuestro ministerio a los Estados Unidos. En repetidas ocasiones he entrado en lugares inesperados, solamente para encontrarme a mí misma logrando cosas inesperadas, y viendo a Dios intervenir de las maneras más inesperadas; todo ello porque dije sí cada vez, incluso cuando no tenía ni idea de hacia dónde conduciría eso.

Desde que entregué mi vida totalmente Jesús, Él me ha estado enseñando una fe inconmovible. Una fe implacable. Una fe firme. Me ha estado enseñando a confiar más en Él cada vez que me lo pide, a abrazar lo inesperado. Ha estado cultivando en mí el mismo tipo de fe que impulsó más aún a Abraham hacia su destino como el padre de Isaac, y finalmente el padre de muchas naciones. El mismo tipo de fe que llevó a Abraham a confiar en Dios incluso ante la desesperanza:

> Contra toda esperanza, Abraham creyó y esperó, y de este modo llegó a ser padre de muchas naciones, tal como se le había dicho: «¡Así de numerosa será tu descendencia!» Su fe no flaqueó, aunque reconocía que su cuerpo estaba como muerto, pues ya tenía unos cien años, y que también estaba muerta la matriz de Sara. Ante la promesa de Dios no vaciló como un incrédulo, sino que se reafirmó en su fe y dio gloria a Dios, plenamente convencido de que Dios tenía poder para cumplir lo que había prometido.
>
> Romanos 4:18-21

Cuando Dios le hizo a Abraham una promesa tan extraña e inesperada, él simplemente creyó la promesa de Dios, y se arriesgó en esperanza contra toda esperanza racional. Él no negó los hechos de sus circunstancias, pero se negó a creer que era la verdad completa porque no explicaba la promesa de Dios. Él no dudó ni vaciló, y debido a eso, su fe creció y se hizo más fuerte. Cuando finalmente nació Isaac, Abraham le dio toda la gloria a Dios.

Imaginemos la diferencia que podríamos marcar si aprendiéramos a enfrentar lo inesperado en nuestras vidas como lo hizo Abraham. Si aprendiéramos a hacer lo inesperado a la vez que enfrentamos lo inesperado. ¿Y si creyéramos en lugar de temer ante lo desconocido? ¿Y si superáramos con valentía la pérdida y la decepción, creyendo que Dios tiene un propósito con ello al otro lado? ¿Y si nos levantáramos cada día creyendo que Dios tiene lo mejor, sabiendo que posiblemente podríamos encontrarnos con lo peor?

Yo creo que podemos vivir con esa expectativa, con esa esperanza, con esa libertad, llenos de esa fe, al enfrentarnos a *todo* lo que salga a nuestro camino. Incluso lo inesperado.

Cuando planeé escribir este libro, no me di cuenta de cuán oportuno sería; de cuán acertado sería para todo aquello con lo que lidiamos en el mundo de hoy. Desde el día en que revisé el borrador con nuestro editor hasta el día que pasó a imprimirse, las noticias han estado llenas de lo inesperado, con acontecimientos asombrosos que son difíciles de entender y que a veces pueden sacudir nuestra fe:

- Un tirador activo en una escuela, iglesia, o concierto
- Un auto a toda velocidad por una acera dirigiéndose intencionalmente a transeúntes, no solo en una ciudad, sino en múltiples ciudades
- Huracanes que hacen historia y que destruyen millones de vidas
- Una manifestación con la intención de unir, que solamente divide

- Otra bomba suicida en un mercado lleno de personas
- Las decepcionantes decisiones de un líder del gobierno
- La aprobación de leyes que contradicen nuestros valores o creencias
- Un lugar patrimonio mundial de la Unesco que es dejado en ruinas
- Otro genocidio

Algunos días, esos acontecimientos parecen ser muy lejanos, y otros días están demasiado cerca de casa. En todas estas situaciones, Dios quiere que seamos creyentes llenos de fe que brillen con la luz de Cristo en un mundo de oscuridad. Él quiere que aprendamos a caminar con confianza en medio de cada desafío inesperado que la vida lanza a nuestro camino, no solo para ser un potente testimonio para otros, sino también para que nosotros mismos podamos desarrollar una relación más íntima con Él.

Cuando regresamos a Australia para el funeral de mi mamá, yo estaba de pie en el servicio ante su tumba, viendo cómo bajaban su ataúd hasta la tierra, y lo único que pude pensar fue: *Yo soy la siguiente*. No era un pensamiento deprimente o morboso; solamente fue una comprensión del orden natural de la vida. Normalmente, primero enterramos a nuestros abuelos, después a nuestros padres, y después somos nosotros la siguiente generación que se irá. Esa idea se quedó en mi mente durante días, y me hizo estar más determinada que nunca a hacer que mi vida cuente. A estar segura de que estaba haciendo todo aquello que Dios me había llamado a hacer. A conducir hacia Jesús a tantas almas como pueda. Me hizo ser firme en mi compromiso con Cristo, en caminar por la fe y abrazar lo inesperado. Incluso durante el periodo en que escribí este libro, Dios volvió a desafiarme, invitándome a permitirle que sanara una herida profunda que yo ni siquiera sabía que estaba ahí.

Mediante esa tierna historia, otras historias de mi vida, y también las de queridos amigos, compartiré lo que he aprendido sobre cómo caminar por fe, con la esperanza de que quizá podrías entender mejor cómo atacar el temor y cómo puedes vencer sus efectos debilitantes, sin importar cuán desgarrador sea lo inesperado.

Quizá…

- Un diagnóstico que amenaza la vida
- Una hiriente herida relacional
- Una decepción profunda
- Una oleada de pérdidas implacables
- Un periodo de la vida sin propósito
- Una herida oculta que aún tiene que ser sanada

En las siguientes páginas no puedo esperar a presentarte a mis amigos Adrián y Jayne, Amanda y LoriAnn, Kylie y Laura. Son personas comunes que hacen cosas extraordinarias porque, cuando se enfrentaron a lo inesperado, aceptaron la invitación de Dios a confiar más en Él y caminar con mayor fe. Son personas reales que estuvieron dispuestas a ser vulnerables, a permitirme compartir sus historias para ayudarte a seguir adelante, desde el lugar donde estás hacia donde Dios quiere que vayas.

No hay duda de que este libro está en tus manos porque Dios tiene una vida de aventura planeada para ti. Sé que Él te creó con propósito, para un propósito, y nunca quiere que el temor *a* lo inesperado o *por* lo inesperado te retenga. Por lo tanto, a medida que leas este libro, a medida que permitas al Espíritu Santo iluminar tu camino, vayamos juntos. Dejemos atrás el temor, sigamos adelante en fe, y abracemos la aventura de lo inesperado.

Con amor,
Christine

Capítulo 1

CUANDO LO INESPERADO INTERRUMPE

Vivir con expectativa

La verdadera estabilidad resulta cuando el presunto orden
y el presunto desorden están balanceados. Un sistema
verdaderamente estable espera lo inesperado, está preparado
para ser interrumpido, espera a ser transformado.

—Tom Robbins

"Chris, tienes cáncer".

No eran las palabras que estaba esperando escuchar mientras deshacía las maletas, tras haber llegado a Sídney solamente dos horas antes. Nick y yo, junto con nuestras hijas Catherine y Sophia, estábamos en la ciudad para asistir a la conferencia de adoración anual, de una semana de duración, en la Iglesia Hillsong, que es siempre lo más destacado de nuestro año, donde acudimos para ser renovados y recibir dirección de parte de Dios. Era el vigésimo quinto año que yo asistía, y tenía una gran expectativa. Sabía que Dios tenía algo significativo para mí.

Habíamos volado por catorce horas desde Los Ángeles, donde nos habíamos mudado cinco años atrás para extender el trabajo de A21, nuestra organización global contra el tráfico de personas. Nos encantaba vivir en los Estados Unidos, y nos encantaba regresar a casa.

Mientras escuchaba a mi médico que llamaba desde los Estados Unidos, el tiempo pareció detenerse, como si estuviera dando a mi mente la oportunidad de ponerse al día con lo que estaba escuchando. Miré por la ventana hacia los barcos que navegaban en el puerto Darling y me enfoqué en el puente Anzac. Habían sucedido muchas cosas en el periodo de una semana.

Precisamente el miércoles anterior había estado en Dallas grabando un programa especial de televisión en directo sobre vencer el dolor del pasado y avanzar hacia el futuro. Me gusta mucho ver a personas ser libres de las ataduras y las fortalezas que les mantienen esclavizadas al dolor de su pasado. Nunca he perdido el contacto con el modo en que Jesús me hizo libre, y he pasado tres décadas ayudando a otros a encontrar esa misma libertad. Dios siempre fue fiel en usar su Palabra para sanar anteriormente, y había sido fiel otra vez. Tuve la bendición de escuchar sobre el número de personas que respondieron a la enseñanza, pidiendo oración y apoyo aquella noche después del programa.

Al despedirme del equipo y darles las gracias por lo que habían hecho para que tantas vidas fueran tocadas, noté que me dolía la garganta y estaba un poco ronca, pero no pensé demasiado en ello mientras me dirigía hacia mi hotel. Después de todo, había estado hablando todo el día y la mayor parte de la noche. Me gano la vida hablando. Hablo por placer. Hablo para solucionar cosas en mi cabeza. Soy griega y soy una mujer. Hablar es parte de mi ADN. En pocas palabras, nunca dejo de hablar y, por lo tanto, lógicamente achaqué mi dolor de garganta al entusiasmo de aquel día, y esperaba poder dormir muy bien esa noche.

Pero cuando me desperté el jueves en la mañana, apenas podía levantar la cabeza de la almohada. Tenía un fuerte dolor de cabeza y me sentía muy enferma, algo que en raras ocasiones experimento. Cuando estuve más despierta, supe que aquello no era normal. Podía sentir que colgaba algo en el fondo de mi garganta hacia el lado izquierdo. Podía sentir un bulto diminuto en la derecha, y tuve ese sentimiento incómodo de que algo iba mal, muy mal.

Llamé a Nick, que estaba en el otro lado del mundo, en Madagascar, en un viaje misionero, para hablarle de mi preocupación. Cuando me escuchó describir mis síntomas, oró por mí y me aseguró que todo iría bien y que él estaría de nuevo en casa en unos pocos días. Entonces me dirigí otra vez a Los Ángeles para hablar en la conferencia de mujeres de una iglesia y en sus servicios el fin de semana.

DIOS ESTABA CONMIGO

Sé que la gracia de Dios me sostuvo el sábado y el domingo, pues nunca me había sentido tan enferma en todos mis años de ministerio. Cuando Nick regresó a casa el domingo en la tarde, me sentí muy aliviada. Supe que tenía que ir a visitar a un médico, pero debido a que nunca había necesitado hacerlo en los cinco años que había vivido en los Estados Unidos, no sabíamos a quién llamar. Cuando se acercaba la noche, dialogamos de nuestras opciones: esperar para ver a mi médico en Australia, ya que iríamos allí la semana siguiente, o acudir a urgencias aquella noche. Decidimos ir a dar un paseo para hablar más sobre ello y orar. Necesitábamos una dirección clara.

A pesar de mi incomodidad y cómo me sentía, podía sentir que Dios estaba conmigo. Caminando por el parque, nos cruzamos con un querido amigo. Nos detuvimos para saludarlo y comenzamos a charlar, y compartí lo que estaba experimentando. Él nos recomendó a su médico, que tenía la consulta cerca, y como Nick y yo habíamos estado pidiendo dirección a Dios, creímos que esa era su respuesta. Contactamos al médico y, sorprendentemente, ella estuvo de acuerdo en verme a la mañana siguiente, aunque no aceptaba clientes nuevos y tenía un horario muy lleno. Dios me estaba cuidando, y yo lo sabía.

En cuanto el médico me examinó, pidió análisis de sangre, me remitió a un otorrinolaringólogo, y programó una serie de pruebas, todo ello rápidamente en los tres días siguientes, ya que tenía que irme a Sídney el miércoles en la noche. Cuando fui a la consulta del otorrino, él se preocupó mucho por los nódulos que se habían formado en mis cuerdas vocales. Tuvo la sensación de que eran tan graves, que me dijo explícitamente que hablara muy poco en las semanas siguientes. "Lo mínimo", me había dicho, y después añadió: "y haga lo que haga, no cante".

Él no sabía que yo me dirigía a la conferencia de alabanza anual de Hillsong. Asentí con la cabeza porque sabía que él me estaba dando un consejo médico sensato, pero en lo más hondo de mi ser me resultó todo muy humorístico y surrealista. Imagina que a la mujer más habladora que conoces le dicen que no hable ni cante mientras asiste a una conferencia de alabanza. *¿En serio?*

Por lo tanto sí, yo esperaba la llamada de mi médico, pero lo que no esperaba es que me dijera que tenía cáncer, una palabra que tenía la capacidad de desencadenar muchos recuerdos dolorosos.

LA MISMA NOTICIA, LA MISMA CIUDAD

La palabra con C.

Todos hemos conocido a alguien.

Yo conocí a alguien. Era el primer hombre al que yo había amado. Tenía solamente dieciocho años cuando mi mamá me dijo: "Christina, tu padre tiene cáncer". Ella lo había dicho entonces con la misma sinceridad y claridad con las que mi médico lo estaba diciendo ahora. Yo no quise creerlo acerca de él entonces, igual que no quería creerlo acerca de mí ahora. Las emociones de mi pasado estaban formando las de mi presente, y aunque no quería revivir lo que había experimentado hacía treinta años atrás, no podía detener los recuerdos.

Yo había sido testigo de primera mano del modo en que el cáncer, sin mencionar la quimioterapia y la radioterapia, consume un cuerpo sano. Había observado a mi papá pasar de ser un hombre fuerte e independiente, a ser un hombre débil y frágil. Vi cómo se le caía su hermoso cabello tan espeso; vi cómo su cuerpo fuerte se iba quedando lentamente en piel y huesos. Cuando ya no pudo conducir, yo le llevaba a sus citas médicas. Me quedaba sentada en la sala de espera mientras le hacían cirugías.

Supe la carga financiera que pueden suponer los tratamientos interminables.

Y experimenté el efecto sofocador del temor. Vi a mi madre sentirsesiempre desesperanzada, temerosa y perdida. Yo hacía oraciones fervientes y desesperadas que parecían no cambiar nada. Sentí el temor como nunca antes, a medida que se estableció gradualmente en nuestro hogar y en nuestros corazones. Yo tenía fe y la esperanza de que mi papá sería sanado, pero lo escuchaba estando enfermo, muy enfermo, siempre enfermo; y pude ver lo que la esperanza demorada podía hacer a una familia a medida que nuestros corazones desfallecían lentamente.

Cuando finalmente escuchamos a su médico utilizar la palabra *remisión*, pensamos que estábamos fuera de peligro. Estábamos eufóricos. Había pasado mucho tiempo desde que habíamos perdido cualquier expectativa de normalidad.

Pero entonces, solamente dos semanas después, sucedió lo inesperado. Otra vez.

Regresé a casa rápidamente del trabajo cuando mi mamá me llamó. La ambulancia estaba estacionada fuera de nuestra casa, y un grupo de vecinos se habían reunido en nuestro jardín. Entré por la puerta frontal para ver a mi mamá sosteniendo en su regazo la cabeza de mi papá. Le había ayudado a ponerse la camisa.

Nunca he podido dejar de ver ese momento.

Nunca he podido dejar de sentir ese asombro y sufrimiento.

Yo amaba mucho a mi papá.

La tristeza que se desplegó en los meses siguientes fue devastadora. Podía ver a mis hermanos consternados intentar procesar la vida sin su héroe. Veía a mi mamá, quien era normalmente una columna de fortaleza, llegar casi a no poder seguir adelante. Ella y mi papá se amaban profundamente el uno al otro, y no creo que ella se imaginara la vida sin él.

Todo cambió cuando murió mi papá, incluida yo misma. Su muerte desencadenó una espiral descendente en mi vida que yo no sabía cómo detener, porque cuando no sabes cómo procesar el dolor, intentas apaciguarlo. Harás cualquier cosa, absolutamente cualquier cosa, para no *sentir* la pérdida, el dolor, el sufrimiento.

La vida sin mi padre nunca ha dejado de dolerme.

Él no estuvo ahí para verme subir al escenario y recibir mi licenciatura.

Él no llegó a conocer a Nick.

No pudo llevarme del brazo el día de mi boda.

Mis hijas nunca conocerán a su abuelo.

Nunca he podido llamarlo y decirle que rescatamos a otra muchacha por medio del trabajo de A21.

Nunca he podido regalarle uno de mis libros.

Él nunca me ha oído enseñar.

Todo ello debido el cáncer.

Por lo tanto sí, yo estaba muy familiarizada con la palabra *cáncer*, y con el temor y el dolor que introduce en la vida de una familia.

Y ahora el médico estaba pronunciando esa palabra no sobre un conocido, un amigo, o alguien que sale en la televisión, sino sobre *mí*. Yo. Una mujer sana, esposa y madre de dos hermosas hijas. Yo estaba oyendo la misma noticia en la misma ciudad donde lo experimenté décadas antes, y a causa de ello enterramos a mi papá.

Mirando aún al puente, dejé de recordar el tiempo suficiente para oír explicar a mi médico: "En realidad tienes cuatro enfermedades distintas en esa zona: un bulto en el lado izquierdo de la garganta, nódulos en las cuerdas vocales, infección de garganta, y cáncer de tiroides".

MUY INESPERADO

Mientras estaba allí intentando entender todo lo que el médico estaba diciendo, mi corazón se hizo pedazos al pensar en Nick y las niñas. *¿Qué significaría eso para nuestras vidas? ¿Estaba aislado el cáncer? ¿Se había extendido?*

Yo sabía que no viviría para siempre, no aquí en la tierra, pero aquello fue muy… inesperado.

Y sin embargo, si nos detenemos a pensar en ello, cada día está lleno de lo inesperado, de lo no anticipado. Hacemos nuestras listas de quehaceres. Pensamos en cómo saldrá nuestro día según el plan, pero no sucede así, porque interrupciones que nunca vimos venir invaden nuestras vidas y dan entrada a lo inesperado. Algunas de esas interrupciones son pequeñas e inocuas, como encontrarnos con un viejo amigo en el almuerzo, y otras son grandes inconvenientes, como que nos cancelen un vuelo o tener que tomar otra ruta. Algunas son felices, como recibir una proposición matrimonial o un ascenso por sorpresa. Y algunas de ellas son desgarradoras, como recibir una llamada diciendo que un querido amigo ha muerto o enterarnos de que nuestro cónyuge está teniendo una aventura amorosa. Y algunas… algunas son sencillamente asombrosas, como cuando tu médico te dice: "Chris, tienes cáncer".

Pero por sorprendente que sea lo inesperado, necesitamos recordar que nuestro inesperado nunca es inesperado para Dios. Dios sabía que llegaría ese día en mi vida, y Él ya estaba en ese día esperándome. El temor intentaba atenazarme como lo hace naturalmente cuando recibimos cualquier noticia mala, pero yo sabía que no podía abrumarme.

Y sin embargo, no podía dejar de pensar en Nick y en las niñas. No quería que mis hijas pasaran por lo que yo tuve que pasar con mi papá, y no quería que crecieran sin tener una madre. *¿Y qué de todos los sueños que Nick y yo teníamos para el futuro? ¿Qué del ministerio y de nuestro equipo?*

Sabía que tenía que evitar que mi mente llegara demasiado lejos. Sabía lo suficiente para reconocer que esa línea de pensamiento podría acelerar rápidamente y hacerme descarrilar hacia un lugar oscuro. Sabía que necesitaba permanecer en fe, por causa de todos nosotros. Igual que muchas situaciones que había experimentado antes, sabía que había una decisión que me correspondía tomar: *¿caminaría en temor o en fe?*

La fe era la que siempre me había impulsado hacia adelante en medio de mis circunstancias en el pasado, de modo que escogí la fe en mi situación presente. Sin embargo, eso no significó que el temor se alejara. Me seguía tentando, pero sabía que ser tentada por el temor no era lo mismo que ceder a él, y no ceder a él era la única manera en que podría sobreponerme a su tenaza. Por lo tanto, incluso mientras procesaba tantos pensamientos en mi cabeza sobre mi papá, sobre Nick y las niñas, sobre el cáncer, sobre el ministerio y mi futuro, en mi corazón estaba cayendo en los brazos de mi Padre celestial. En lo profundo de mi ser sabía que confiaba en Dios.

Una y otra vez, en las cosas grandes y las pequeñas, había aprendido a correr *hacia* Dios y no a alejarme *de* Él. Había aprendido que en cualquiera que fuera mi situación, Él estaba a mi lado. Había fijado en mi corazón que Dios es bueno. Dios hace el bien. Dios hace que todo obre para mi bien,[1] y ese *todo* realmente incluye *todo*, incluso cosas malas que les suceden a personas buenas, como lo que me estaba sucediendo a mí en ese momento.

El cáncer es malo, sin duda alguna; ciertamente no es bueno. Ciertamente no proviene de Dios. Yo no creo que Dios envía la enfermedad, porque no hay enfermedad en el cielo o en Dios mismo. La

Palabra nos promete que Dios nos da dones buenos y perfectos, porque Él es bueno, y ningún tipo de cáncer es un don bueno o perfecto.[2] El cáncer, como todas las enfermedades, es una parte de la maldición. Como vivimos en un mundo caído, les suceden cosas malas a personas buenas.

Por lo tanto, tuve que encontrar la fortaleza para pelear esta batalla de fe.[3] No tenía deseo alguno de ir directamente a casa. Quería quedarme en la conferencia durante la semana para estar en un ambiente lleno de fe y para cantar. Iba a ser una semana llena de alabanza, adoración, y enseñanza de la Palabra de Dios, y yo quería fortalecerme espiritualmente para lo que podría tener por delante médicamente.

"Leslie", comencé a decir cuando encontré mi voz, "está bien. El cáncer no es terminal. La vida es terminal. Viviré cada segundo de cada día que Dios ha ordenado que viva en esta tierra, y después me iré a casa. El diablo no tiene ninguna autoridad sobre mi vida. La sangre de Jesús me cubre, y Él me llevará a casa cuando quiera que me vaya".

Podía oír que mi voz se hacía más fuerte. Podía sentir que mi fe tomaba el mando. Podía sentir que reunía más valentía. Solamente Dios pudo haberme dado tal fortaleza en aquel momento.

"No sé cómo me iré a mi hogar, pero como la mayoría de las personas, me imagino que la muerte será la puerta de entrada. Sencillamente no creo que haya llegado ya el momento. No tengo miedo a morir. Eso es inevitable, y sencillamente me niego a permitir que la palabra *cáncer* me llene de temor".

Estoy segura de que todo eso le parecía extraño a mi médico, especialmente porque la conocía solamente desde hacía cuatro días; pero tenía que declarar con el corazón lo que sabía que era la verdad, por causa de mí misma, tuviera sentido o no para otra persona. Yo no estaba negando la realidad, solamente su poder para controlarme.

Sabía que no podía controlar lo inesperado más de lo que podía detener un terremoto, un tsunami o un huracán. Tenía que decirlo porque creía en la bondad de Dios, incluso cuando podía sentir que el temor intentaba atenazarme. Sabía que tendría un viaje por delante, ya fuera corto o largo. En cualquiera de los casos, tenía que mantenerme anclada a Jesús, el único en quien descansaba mi esperanza, el único que sostenía mi futuro. Tenía que mantener viva mi fe, y no podía permitir que los recuerdos del pasado se enredaran en mi presente.

"Dime lo que tengo que hacer", continué. "Si necesito regresar a mi casa directamente lo haré, pero esta semana estoy en una conferencia cuyo tema es 'No hay otro nombre', y creo que hay un nombre que es más alto que el nombre del cáncer, y es el nombre de Jesús. Estamos en un campo de batalla, no en un parque de juegos. Es momento de ir a la guerra. Dime lo que tengo que hacer médicamente y pelearé esto espiritualmente, y suceda lo que suceda, Jesús tendrá la victoria final".

ALIMENTAR LA FE, MATAR DE HAMBRE EL TEMOR

Basándome en el consejo de mi médico, me quedé. Y en contra del consejo del otorrino canté, pero no por necedad. Sencillamente sabía en mi corazón que tenía que hacer a Dios en mi mente más grande que la noticia sobre el cáncer. Quería magnificarlo a Él y levantarlo. Sabía que tenía que poner todo mi corazón en la alabanza y la adoración, porque era tan fundamental para mi sanidad como cualquier cosa que los médicos pudieran requerir en las semanas siguientes.

Sabía que estaba en una batalla y que el enemigo nunca juega limpio. Él había llegado a buscar mi voz, para silenciarme: ahora y para siempre. Pero yo había experimentado en mi vida suficientes desafíos para entender que si hacía algunas de las cosas que se esperaban en los momentos inesperados, como poner en práctica principios bíblicos que había aprendido hasta entonces en mi vida, podía esperar un mejor resultado. Y podía mantener alejado el temor.

Y así lo hice. Canté, alabé y adoré a Jesús toda la semana, y al final de la semana regresé a mi casa en los Estados Unidos preparada para hacer frente a lo que tuviera por delante.

También llamé a algunos amigos fieles y llenos de fe en quienes podía confiar para que oraran por mí, amigos que sabía que en las próximas semanas me declararían fe cuando quizá yo no fuera lo bastante fuerte para permanecer sola ante el temor. Todos somos humanos, y todos necesitamos guerreros de oración que estarán a nuestro lado cuando los necesitemos.

No compartí con nadie más mi enfermedad, porque he aprendido que si hablas con demasiadas personas, inevitablemente alguien querrá hablarte sobre su tía favorita que murió del mismo tipo de cáncer que tú tienes. Por alguna razón, las personas piensan que esos tipos de historias te bendicen, pero para que mi fe se desarrollara sabía que tenía que mantenerme metida en lo que he llegado a llamar un "cocuyo de fe". Es cuando decido proactivamente seguir siendo diligente en la Palabra, escuchar continuamente música de adoración, y permitir que solamente voces llenas de fe hablen a mi vida con respecto a una situación particular. Por lo tanto, en ese momento era fundamental en quién confiaba para pelear esta batalla a mi lado.

Seguí estudiando la Palabra y encontré versículos clave para orar y creer: promesas de sanidad, de un futuro. Los puse en mi teléfono para así poder leerlos a lo largo del día. Los leía en voz alta, comprometida a declarar solamente la Palabra. Hubo veces en las que recordaba escuchar todo el temor que mi mamá había expresado cuando mi papá estaba enfermo. Ella estaba atenazada por el temor todo el tiempo, ya que era lo único que conocía. Pero yo había crecido en Cristo desde entonces, y sabía declarar solamente fe. Había aprendido que alimentamos el temor o alimentamos la fe, y que yo tenía el poder de decidir a cuál de ellos iba a alimentar. Por lo tanto, alimenté mi fe.

Trabajé en mantener alejada toda la negatividad, lo cual incluía resistir la tentación de ir a la Internet e investigar todo lo que pudiera sobre el tipo de cáncer al que me enfrentaba. Sabía que eso no edificaría mi fe, sino que solamente me tentaría más a preocuparme y sentir temor. Ya conocía el lado negativo del cáncer. Lo había experimentado con mi papá, de modo que no necesitaba leer sobre ninguna de las posibilidades.

Y creía a Dios para recibir un milagro. Quería ser liberada *de* esta situación. Creía que Dios podía sanarme de manera sobrenatural y sencillamente hacer que el cáncer desapareciera de mi cuerpo. Él lo había hecho por otros, y yo quería desesperadamente que lo hiciera también por mí. Pero pronto descubrí que Dios no iba a liberarme sobrenaturalmente *de* todo eso. Iba a acompañarme mientras lo *atravesaba*.

TIEMPO DE *ATRAVESAR*

Ya sea que alguna vez entendamos o no el *porqué*, la única manera de vencer una sacudida inesperada es *atravesarla*. Sin importar cuánto deseemos poder rodear una situación, pasar por debajo de ella, por encima, o ser liberados de ella, hay tiempos en los que

Dios quiere que atravesemos un proceso, porque eso es lo mejor para nosotros.

El reto se convierte entonces en la decisión de no permitir que el enemigo utilice esos eventos no planeados y molestos para robarnos la vida. El enemigo quiere hacer que nuestras vidas descarrilen de los planes y propósitos de Dios; sino durante toda la vida, entonces al menos durante un periodo. Quiere que apartemos nuestro enfoque de las promesas de Dios y lo dirijamos hacia nuestra crisis. Quiere paralizarnos en el presente y velar nuestra visión y esperanza para nuestro futuro.

Pero he descubierto que *atravesar* cualquier cosa que estés enfrentando no se trata meramente de sobrevivir hasta que termine y después seguir adelante insensible durante el resto de tu vida. *Atravesar* se trata de continuar y vivir una vida de propósito y pasión, de seguir adelante siempre sin perder nunca de vista tu objetivo, sin importar cuán devastador sea lo inesperado. Enfrentar el cáncer renovó mi resolución: *Mientras sé que viviré para siempre en la eternidad, decido vivir plenamente viva aquí en la tierra y hacer que cada segundo cuente para Dios y los propósitos de su reino hasta el día que muera.*

Seguía siendo una madre para mis hijas, de modo que no iba a permitir que la noticia del cáncer me enviara al banquillo para que no educara a mis hijas. Seguía siendo una esposa para Nick, y no iba a permitir que esa noticia hiciera que me alejara mentalmente y emocionalmente. Quería estar presente en cada momento. Aún quería seguir liderando nuestro ministerio y hacer que cada uno de mis días en el planeta tierra contara para la gloria de Dios.

El cáncer era una enfermedad que yo tenía, y no quien yo era. No quería que una enfermedad inesperada definiera mi estado general, así que no iba a dejar que estableciera el tono de mi hogar, hiciera descarrilar mi fe, o evitara que viviera en cada momento que Dios tenía para mí. No podía hacerlo. Pero esa decisión era una lucha por horas, y a veces por momentos, en mi mente y mi voluntad de mantenerme bien. Independientemente de lo que estaba *atravesando*, yo seguía siendo una hija de Dios, madre, esposa, maestra, amiga e hija; y tenía que pelear para mantenerme enfocada.

Mi diagnóstico llegó durante uno de los periodos más ocupados y más importantes de mi año ministerial, y yo no tenía ningún margen para hacer todo eso, pero las batallas nunca llegan en un momento conveniente.

NUNCA VOLVERÉ A SER LA MISMA

El resto del mes de julio se convirtió en una serie de análisis, ultrasonidos, y más análisis y más ultrasonidos. Me senté en muchas salas de espera llenas de pacientes de cáncer. Muchos de esos pacientes estaban allí sentados solos, y yo podía ver el temor en sus ojos. Personas que habían perdido todo el cabello; personas que ya no podían caminar sin ayuda; personas marcadas con líneas de radiación; personas magulladas debido a interminables agujas y golpes. Mi corazón casi dejó de latir cuando vi a un padre llevar a su hijo en silla de ruedas hacia la sala de tratamientos. Yo tengo dos hijas que nunca han estado enfermas. No de ese modo. Amado Dios. Misericordia. Gracia.

Se me partió el corazón por ellos. La compasión me inundó, y supe por qué estaba allí. Una enfermedad inesperada me había llevado a un lugar inesperado, y yo necesitaba ver todo eso. Necesitaba sentir eso. "Aun cuando yo *pase por* el valle más oscuro... Tu vara y tu cayado me protegen y me confortan" (Salmos 23:4, NTV, énfasis añadido). Aunque sabía que mi enfermedad era comparativamente leve, y el tipo de cáncer que yo tenía era bastante curable mediante cirugía, tenía que pasar por mi propio valle. Sin embargo, para muchas personas a las que conocí, su camino parecía ser mucho más difícil y más oscuro. En mi caso, el cáncer estaba aislado. Contenido. Era curable. Para muchas de aquellas personas, el cáncer corría sin freno por sus cuerpos.

Dios, ¿por qué?

Hay muchas preguntas para las que nunca tendré respuestas a este lado de la eternidad, *pero yo podía hacer lo que podía hacer y dejar que Dios hiciera lo que solamente Él podía hacer.* Tenía que aprovechar esa oportunidad para llevar luz, vida, esperanza y gozo en medio de la oscuridad y el desánimo, de modo que tuve poderosas conversaciones con pacientes y médicos por igual, y en realidad comencé a esperar con ganas mis citas médicas. Dios estaba haciendo algo en mí, y Jesús estaba en aquellas salas de espera con esas personas porque su Espíritu vive en mí. Yo estaba allí, de modo que Él estaba allí. ¿Sería yo lo bastante valiente para acercarme, tocar, amar, y orar por esas personas? ¿Podía creer yo a Dios por quienes ya no podían creer por sí mismos?

Sí. Algunos de mis momentos más preciosos de ministerio sucedieron en aquellas salas de espera y hospitales, donde conocí a personas inesperadamente y tuve oportunidades inesperadas de compartir el evangelio y declarar esperanza. Debido a eso, nunca volveré a ser la misma.

Muchos de nosotros queremos una plataforma ministerial cuando ya hay muchas oportunidades de ministerio a nuestra disposición en salas de espera en todo el mundo. ¿Cuántas personas están esperando que vayamos hasta ellas mientras nosotros esperamos que ellos vengan a nosotros?

Hay personas esperándonos en todas partes. En el cubículo contiguo a nuestro lado en el trabajo. En la fila de la caja en el supermercado. En el asiento a nuestro lado en la clase. En la silla cerca de nosotros en el salón. En el metro de camino a casa. En las bandas del partido de fútbol. Al final de la firma de un acuerdo. Están esperando.

Cuando hicieron un segundo examen de mi laringe para comprobar cómo estaban los nódulos, el otorrino me dio el informe personalmente. "No sé lo que ha sucedido, pero los nódulos ya no están." No había necesidad de cirugía.

Él me había dicho que hablara muy poco; me había dicho que no cantara, pero yo lo hice y recibí un milagro, y ese milagro se convirtió en un ancla de aliento para mi alma. Por qué recibí un milagro solamente para mis nódulos y no para mi tiroides o mi garganta no lo sé, pero seguí confiando en Dios.

Dos semanas después de recibir la llamada telefónica de Leslie diciéndome que tenía cáncer, me hicieron una cirugía de una hora para extirpar el bulto de mi garganta. Fue una operación delicada. El cirujano tenía que situarse entre mi laringe y mi tráquea, muy cerca de mi caja de resonancia, tan cerca como para afectar el instrumento que Dios me había dado para declarar fe, sanidad y esperanza al mundo. ¿Y si me despertaba y ya no podía volver a hablar? Oré fervientemente por el cirujano y puse mi fe en Dios.

Cuando llegó el informe de patología diciendo que todo estaba bien, fue un gran alivio para todos nosotros, ya que era la más preocupante de todas mis enfermedades. Si el bulto hubiera sido canceroso, habría tenido un peor potencial que el cáncer en mi tiroides.

Y aunque yo estaba muy agradecida, era incómodamente consciente de que otra persona, quizá una de las que se sentaban a mi lado en aquellas salas de espera, recibiría un informe muy diferente ese mismo día. Oré para que Dios le diera gracia a esa persona.

En septiembre me hicieron una tiroidectomía que eliminó la mitad de mi tiroides, y hasta la fecha no hay rastro alguno de cáncer en mi cuerpo. Sigo haciéndome revisiones. Al principio eran una vez cada dos meses, después cada cuatro meses, después cada seis meses, y ahora son una vez al año. Recibo un recordatorio anual de mi mortalidad y de que la vida es un regalo.

Estoy muy agradecida de que mi vida fuera interrumpida por lo inesperado.

LO INESPERADO NUNCA ES DESPERDICIADO

No quiero volver a experimentar nunca lo que tuve que pasar. Ni siquiera quiero escuchar esas palabras: "Chris, tienes cáncer". Aunque estar sentada en aquellas salas de espera con mi papá fue difícil, sentarme allí cuando yo era la paciente fue peor. Especialmente cuando veía a las madres que cuidaban de sus hijos enfermos.

Pero estoy agradecida de que, debido a lo inesperado, quien yo soy actualmente es diferente a la Christine que fui hace algunos años. Soy mucho más compasiva, mucho más empática con el dolor de las personas, mucho más comprensiva cuando las personas pasan por un desafío. Sí que me gustaría que no hubiera sucedido, pero no querría volver a quien era yo antes de que sucediera.

Creo que es el tiempo de que sepamos atravesar lo inesperado, abrazar y entender que mediante los eventos inesperados en la vida, tanto buenos como malos, necesitamos confiar en Dios, anticipando que Él se moverá en medio de ellos mientras nos mueve a nosotros durante la experiencia. Necesitamos entender que Él nunca ha esperado que vivamos unas vidas aburridas y predecibles, aunque nosotros trabajamos duro para crear rutinas regulares. Él nos ha llamado a vivir vidas llenas de alegrías y tristezas, batallas y celebraciones, éxitos y fracasos. Y quiere que aprendamos a vivir esperando obtener beneficios de lo inesperado, especialmente a medida que el mundo es cada vez más caótico e impredecible.

Yo viajo por todo el planeta, y veo de primera mano cómo está cambiando nuestro mundo. Ya sea que esté en aeropuertos con una seguridad cada vez más férrea, o caminando por las calles de Tailandia donde el tráfico infantil está desenfrenado, veo que necesitamos confiar a Dios para el futuro. El terrorismo, algo de lo que nunca hablábamos hace décadas atrás, parece correr sin freno y acercarse cada vez más a casa. Hay inestabilidad económica, política, social, moral y medioambiental en cada continente. La incertidumbre nos rodea independientemente de dónde vivamos. Y sin importar qué tipo de burbuja intentemos construir para ocuparnos de nuestra seguridad, ya sea física, financiera o espiritual, llegarán pruebas y tribulaciones, tal como Jesús nos advirtió.[4] Y en nuestra humanidad, intentaremos controlarlo todo, incluido Dios mismo. Sin embargo, servimos a un Dios que se niega a ser controlado por nosotros. Eso se debe a que parte del misterio y la aventura de seguir a Jesús es confiar en Él sin importar lo que suceda a nuestro alrededor. Debemos mantener nuestros corazones totalmente abiertos a Él, de modo que cuando se produzca lo inesperado, Él pueda usarlo para nuestro bien. Tenemos que liberarlo a Él para utilizar lo inesperado como un catalizador necesario, para hacernos crecer, santificarnos, y ayudarnos a ver la vida con una perspectiva totalmente nueva, porque nada crece sin interrupción, sin lo inesperado.

Si pudiéramos lograr que esta verdad penetre profundamente en el tejido de nuestro ser, seríamos mucho menos temerosos en un mundo que es complejo y está siempre en cambio. Podríamos relajarnos al saber que aunque no podemos controlar lo inesperado,

Dios tiene el control de todo y, por lo tanto, podemos esperar que será fiel a las promesas que nos ha dado en su Palabra.

- Podemos esperar que su gracia será suficiente para nosotros (ver 2 Corintios 12:9).
- Podemos esperar que Él nunca nos dejará ni nos abandonará (ver Hebreos 13:5).
- Podemos esperar que Él está haciendo que todas las cosas obren para nuestro bien (ver Romanos 8:28).
- Podemos esperar que ningún arma forjada contra nosotros prevalecerá (ver Isaías 54:17).
- Podemos esperar ser más que vencedores por medio de Cristo Jesús que nos fortalece (ver Romanos 8:37).
- Podemos esperar que mayor es el que está en nosotros que el que está en el mundo (ver 1 Juan 4:4).
- Podemos esperar que nuestro Dios está por nosotros (ver Romanos 8:31).
- Podemos esperar que Dios sea nuestro pronto auxilio en las tribulaciones (ver Salmos 46:1).
- Podemos esperar que Dios cuide de nosotros (ver 1 Pedro 5:7).
- Podemos esperar que Jesucristo sea el mismo (ver Hebreos 13:8).
- Podemos esperar manantiales en nuestro desierto (ver Isaías 43:19).
- Podemos esperar que caigan muros impenetrables (ver Josué 6:20).
- Podemos esperar que Dios abra un camino donde no hay camino (ver Isaías 43:16).
- Podemos esperar que nuestro lamento se convierta en alegría (ver Salmos 30:11).

- Podemos esperar que nuestra tristeza sea convertida en gozo (ver Salmos 30:11).
- Podemos esperar que nuestro corazón quebrantado sea vendado (ver Salmos 147:3).
- Podemos esperar ser liberados de nuestros enemigos (ver Salmos 60:12).
- Podemos esperar que nuestros gigantes sean derrotados (ver 1 Samuel 14:47).
- Podemos esperar que ninguna tentación será más de lo que podamos soportar (ver 1 Corintios 10:13).
- Podemos esperar que quien prometió será fiel (ver Hebreos 10:23).

Dios quiere que aprendamos a aceptar todo acontecimiento inesperado como una invitación a confiar en Jesús y en su Palabra, a esperar su bondad durante todo el camino. Una vida vivida de ese modo es una de las fuerzas más poderosas del planeta, porque se produce un ímpetu de valentía y fe que nos impulsa hacia nuevos lugares.

¿Y si aprendiéramos a abrazar las sacudidas imprevistas, las cosas estresantes y las incertidumbres de la vida, y entonces utilizarlas para nuestro beneficio? Quizá haya una perspectiva, un ingrediente, en el modo en que procesamos la vida que necesita cambiar. Tal vez haya un nivel de confianza incluso más elevado que creer que "Dios dispone todas las cosas para el bien de quienes lo aman" (Romanos 8:28). Quizá haya más.

Yo sigo queriendo aferrarme a Romanos 8:28 y ver a Dios desplegar todo el bien que ha planeado para mi vida, pero también quiero aferrarme a la perspectiva del *siempre más* que Él tiene para nosotros. Ese es el proceso que quiero que recorramos juntos en este libro. Quiero que eleves la vista hacia un nuevo nivel de fe y confianza en el Dios que te fortalece para permanecer firme e in-conmovible ante cualquier acontecimiento inesperado. Quiero que tu fe y confianza en Dios estén tan enfocadas que vivas cada día anticipando lo bueno que Él quiere hacer por ti. Quiero que la paz reine y gobierne en todos los lugares de tu corazón, en vez de la preocupación, la ansiedad y el estrés.[5] Quiero que tu mente y tu cuerpo se relajen en confianza, que el gozo infinito de Dios te llene una y otra vez, de modo que nada realmente vuelva a sacudirte.

Quiero que vivas con una expectativa de tu futuro cada día.

Creo que puedes llegar a ese lugar.

Y yo puedo mostrarte cómo hacerlo.

Pero antes tenemos que desarraigar cualquier temor que se haya establecido en nuestros corazones. El tipo de temor que ha estable-cido residencia en nuestras emociones y ha condicionado nuestras respuestas: ansiedad, pánico, estrés, temor, nerviosismo, retirada. Todos somos tentados con esos sentimientos. Todos pasamos por acontecimientos inesperados que hacen que ese tipo de reacciones sean completamente comprensibles. Pero lo cierto es que Dios no quiere que vivamos dominados por ellos. Él quiere que, en cambio, los dominemos.

Nick y yo tenemos unos queridos amigos, Adrian y Jayne, que pa-saron por una experiencia con su hijo pequeño que ningún padre quiere enfrentar nunca. Su historia, que compartiré en el capítulo siguiente, es un viaje de escoger diariamente la fe por encima del temor, y está lleno de entendimiento que puede mostrarnos cómo vivir libres de la tenaza del temor, ayudarnos a caminar en fe cada vez mayor, y abrazar cada aventura inesperada en nuestro futuro.

Capítulo 2

CUANDO LO INESPERADO
PRODUCE TEMOR

Seguir adelante en fe

Lo inesperado es generalmente lo que produce lo increíble.

—Mandy Kellogg Rye

Adrián se agachó y tocó el cuerpo demacrado de Fraser. El sol atravesaba las persianas y se reflejaba en el estómago hinchado de Fraser. Mirando fijamente los tubos y los cables de los monitores, Adrián dio gracias a Dios fielmente por su precioso hijo. Por un día más.

La noche anterior había sido una noche más de oscuridad y tranquilidad, interrumpida violentamente por tristeza y lloros agotados. El tipo de llanto que libera algo más que solamente tristeza; algo más que dolor acumulado. Como si fuera un edificio que implosiona y que no se puede evitar que se derrumbe.

Había muerto otro niño en esa ala del hospital. Otra familia se había derrumbado en la tristeza.

Los hijos son un regalo. No se supone que los hijos mueran.

Había nueve en esa ala cuando ingresaron a Fraser, y ahora había solamente seis.

Dios, tienes que pelear por nosotros. No sé si me quedan fuerzas para pelear. Confío en que tú abrirás un camino para nosotros en todo esto.

Aunque la mañana trajo consigo algo de alivio, Adrián sabía que Jayne y los niños llegarían pronto; sabía que los niños verían enseguida la cama vacía.

No quiero explicar otra vez el cielo. No quiero que ellos vean otra vez todo esto.

Sus preguntas eran siempre las mismas. "¿Irá también allí Fraser? Si lo hace, ¿volveremos a verle? Le veremos, ¿verdad?".

Josh, al ser el mayor con siete años, parecía que era quien más comprendía; él era quien había orado por un hermano, y en una ocasión le había preguntado a Dios por qué les había dado un hermano enfermo. Fue un momento doloroso para Jayne, pero ella le respondió con delicadeza. "Bueno, ¿lo querrías más si estuviera bien?".

"No."

"Creo que Dios mira hacia abajo y no se queda sorprendido por nada de esto", continuó Jayne, intentando desarrollar la perspectiva de Josh por medio de su propio dolor. "Creo que Él cree que somos una familia que amaremos a Fraser todo el tiempo que lo tengamos, y nos amaremos unos a otros en todo esto. Él confía en nosotros."

Parecía que la lucha de fe de Adrián y Jayne siempre era por algo más que solamente Fraser. Era por los corazones de sus otros tres hijos: Josh y las niñas; Amber, que tenía tres años, y Olivia, que tenía solamente dieciocho meses. Adrián no podía evitar preguntarse qué les estaba haciendo todo aquello. Extrañaba su casa. Estaban construyendo su familia en un hospital. La escuela se producía allí; el pago de facturas sucedía allí; las comidas; discusiones familiares; muertes. Todo eso, todo sucedía allí.

La muerte no debía invadir la vida de un niño.

Aquello no era normal.

NACIÓ SANO

Cuando Fraser nació, era un niño sano que pesaba 9 libras y 10 onzas (4 kilos y 300 gramos). Las primeras seis semanas de su vida fueron un alegre caos mientras Adrián y Jayne se adaptaban a la educación de cuatro hijos. Adrián trabajaba como bombero a jornada completa y pastor a tiempo parcial de una iglesia local a las afueras de Londres. Jayne se quedaba en casa ocupándose de los niños y de las tareas del hogar, manejando todos los horarios de una familia ocupada.

La vida estaba carente de sueño, desde luego, pero era bueno. *Eso era normal.*

Pero cuando Fraser iba a cumplir seis semanas de vida, Jayne observó un patrón familiar. Ya lo había visto antes. Ya había pasado por todo ese temor anteriormente. *No. Otra vez no.*

"Lo llevé al médico para que le hicieran un chequeo. Cuando lo pesaron, yo lo sabía antes de que ellos lo dijeran", recordaba Jayne. "Aborrecía las palabras *fallo en el desarrollo*. Olivia también había nacido sana, pero a las seis semanas dejó de desarrollarse. Una visita a urgencias se convirtió en seis meses de intensos viajes al hospital y tratamientos. Pero ella se recuperó y siguió adelante para dar a su hermano la bienvenida a este mundo. ¿Cómo podíamos pasar por esto una vez más? Él había estado muy sano durante semanas. Un bebé perfectamente normal".

Día tras día, semana tras semana, Fraser no engordaba ni un gramo de peso. Con seis meses de edad pesaba exactamente lo mismo que cuando nació. Tenía manchas en la piel, y su estómago estaba hinchado como si fuera un niño hambriento. Cada día la muerte parecía persistir en su empeño, lista para tragárselo, hasta que un día se precipitó.

"Mientras lo llevábamos rápidamente al hospital", recordaba Adrián, "no sabíamos si lograría *vivir* o si *podría* vivir. Mientras Jayne sostenía entre sus brazos el diminuto cuerpo de Fraser, aunque ella y yo íbamos abrazados físicamente, estábamos juntos en esto. No entendíamos nada, pero confiábamos en Dios, como siempre lo habíamos hecho".

"Una vez escuchamos decir a un pastor que había un undécimo mandamiento: 'Seguirás adelante'. Para Jayne y para mí eso se convirtió en cierto tipo de ancla para nuestras almas. A lo largo de los años, cuando las circunstancias parecían más de lo que nuestros corazones podían aguantar, uno de nosotros miraba al otro, generalmente Jayne a mí, y decía: 'Seguirás adelante'. Sabíamos que eso significaba seguir confiando en Dios y seguir avanzando. Significaba que pondríamos nuestra fe en Dios independientemente de lo que estuviéramos experimentando; independientemente de lo que no entendíamos. Sabíamos y creíamos que Dios era un Dios bueno, y que el bien es lo que Él hace, incluso cuando las circunstancias no eran buenas. Siempre hemos estado decididos a hacer que cada momento de nuestras vidas cuente, ya sea bueno o malo. En cierto modo, lo que estábamos experimentando debía tener sentido."

Cuando llegaron al hospital, un equipo comenzó a trabajar con Fraser inmediatamente. Él dejó de respirar dos veces. Y lo que comenzó como una visita a urgencias se convirtió en una estancia de ocho meses. Ese día comenzó una nueva vida para su familia, que no volvería a sentirse normal otra vez por años.

"Yo iba a trabajar y después regresaba al hospital para pasar allí la noche y que Jayne pudiera irse a casa con nuestros hijos, o regresaba a casa para cuidar de los niños para que ella pudiera pasar la noche en el hospital. Durante ocho meses vivimos turnándonos, y entonces, cuando pensábamos que la situación no podría empeorar más, Fraser mostró señales de que podríamos perderlo para siempre".

Fue entonces cuando dejaron su casa y se mudaron a un apartamento en el hospital Great Ormond Street Children's en Londres, unas instalaciones reconocidas en todo el mundo especializadas en cuidado pediátrico e investigación. Conocieron a las familias de los otros niños que estaban en esa ala. Fue entonces cuando el *fallo en el desarrollo* parecía que iba a infectarlos a todos.

¿QUÉ ES LO SIGUIENTE?

Fallo en el desarrollo es un término que podría utilizarse para describir algo más que solamente a niños que no pueden obtener nutrición suficiente o mantener un peso saludable. Igualmente podría utilizarse para describir nuestros corazones cuando el temor echa raíces y se hace más grande que nuestra fe, cuando el temor nubla de tal modo nuestra perspectiva que ya no podemos ver a nuestro Dios fiel: delante de nosotros, preparado y dispuesto para guiarnos, listo para pelear por nosotros.

En cada batalla que enfrentamos, el temor es nuestro enemigo más feroz, y el enemigo de nuestras almas lo sabe. Por eso siempre está preparado para fomentarlo y reforzarlo en nuestra mente. Si no aprendemos a sobreponernos a su poder, entonces puede derrotarnos cada vez. Incluso puede convertirse en enfermedades crónicas que se manifiestan en nuestro cuerpo y nuestra mente, como ansiedad, ataques de pánico, preocupación incesante o noches sin poder dormir. Si alguna vez has sufrido alguno de los efectos debilitantes del temor, entonces sabrás que los síntomas son muy reales. Lo que quizá comienza como una sensación negativa o un conflicto interior puede convertirse en un desafío incapacitante.

El temor puede hacer todo eso.

El temor puede disminuir nuestra disposición a arriesgarnos, a soñar, a intentarlo de nuevo, a volver a creer. En lugar de declarar, cuestionamos. En lugar de mantenernos firmes, nos encogemos. En lugar de perseverar, abandonamos. En lugar de confiar, nos preocupamos. En lugar de descansar en Dios, nos agotamos.

El temor puede enviarnos a un viaje en una montaña rusa de emociones que nos deja deseando controlar lo que siempre se escapa a nuestro control. Así fue para nuestra familia el viaje de mi padre con el cáncer. Así fue para Adrián y Jayne durante el año de luchar por Fraser.

Si alguna vez has soportado una crisis tras otra, si alguna vez te has sentido martilleado por el enemigo, entonces sabes de lo que estoy hablando. Si alguna vez has visto a un ser querido sufrir por una enfermedad o adicción duradera, habrás visto el ritmo de "un paso hacia adelante, dos pasos hacia atrás" que puede producirse. Conoces el desafío de creer lo mejor a la vez que probablemente te dicen que te prepares para lo peor. Sabes lo que es aferrarte con valentía a tu fe a la vez que eres condicionado gradualmente por acontecimientos inesperados para vivir en temor.

¿Cuántas parejas finalmente han podido quedar embarazadas, solamente para tener otro aborto natural? ¿Cuántas parejas han decidido entonces adoptar, les han dicho que hay disponible un bebé, y después la adopción falla? ¿Cómo puede alguien que enfrenta sufrimiento repetidas veces evitar desarrollar un pensamiento recurrente y que carcome: *¿Qué es lo siguiente?*

El temor hace eso.

Nos miente. Nos encoge. Construye pavor en nuestro corazón. Nos tienta a creer que no hay una respuesta. *Que lo inesperado es algo que hay que temer.* Que siempre hay algo acechando detrás de la esquina, como fue para Adrián y Jayne día tras día.

Pero el temor no proviene de Dios, y no es más poderoso que Dios. Él sabía que llegaría para robarnos la paz, no solo una vez, sino constantemente a lo largo de nuestras vidas. Por lo tanto, en su gran misericordia y fidelidad hacia nosotros, Dios abrió un camino para que estemos más que equipados para vencer sus efectos y caminar en fe. Él nos dio tres armas ofensivas que utilizar cuando seamos atacados: "Pues Dios no nos ha dado un espíritu de temor, sino un espíritu de *poder*, de *amor* y de *buen juicio*" (2 Timoteo 1:7, DHH, énfasis añadido).

Este versículo nos muestra claramente que el temor es un espíritu, pero no viene de Dios. Cada vez que el temor intenta atenazarnos, es el enemigo intentando derribarnos y aterrarnos para que no confiemos en Dios. Pero el espíritu de temor no es rival para el Espíritu de Dios que vive en nuestro interior.[1] El Espíritu de Dios es nuestra fuente de poder. Podemos confiar, apoyarnos y caminar en paz en medio del temor y la ansiedad, porque el Dios que está en nosotros es mayor que nada ni nadie que venga contra nosotros.[2] El Espíritu Santo es a quien yo acudí en busca de fuerzas cuando el médico dijo: "Chris, tienes cáncer". Él está ahí también para ti, preparado para ayudarte, sostenerte, consolarte y fortalecerte en cualquier desafío inesperado que enfrentes en este momento.

Cuando nos apoyamos en el Espíritu Santo, podemos cobrar ánimo porque no estamos peleando solos. Peleamos la buena batalla de la fe en el poder de Dios, no enfocándonos en el temor e intentando derrotarlo con nuestras propias fuerzas, sino apoyándonos en Dios, sabiendo que Él es fiel. Yo llegué a entender que mientras más confío en mi Padre celestial, más derrota sufre el temor en mi corazón y mi mente. Si me enfoco más en Dios que en la circunstancia inesperada, entonces es Dios quien será más grande en mi corazón y mi mente. Si me enfoco en Dios más que en la circunstancia inesperada, entonces es Dios quien será mayor en mi corazón y mi mente, y la paz será mi resultado. Cuando mi médico me llamó, yo pude fácilmente haber entrado en una espiral oscura comenzando a pensar en lo que podría sucedernos a mí y a nuestra familia, pero rápidamente enfoqué mi mente en Dios y en lo que Él podía hacer. El camino que Dios nos ha dado va hacia arriba y no hacia abajo, pero tenemos que hacer que Él sea más grande para mantenernos en ese camino mentalmente, emocionalmente y físicamente.[3] Eso fue lo que evitó que Adrián y Jayne tuvieran pánico cada día.

Dios también nos ha equipado con amor. ¿Por qué amor? Porque Él es amor, y Él es el mayor poder de todos. Cuando pasamos tiempo en su presencia, nuestro temor adquiere caso terminal de *fallo en eldesarrollo*. En Dios no hay temor, porque el perfecto amor echa fuera el temor.[4] Personalmente, cuando no sé qué hacer en una situación, me enfoco en lo mucho que Dios me ama. Me recuerdo a mí misma que Dios está a mi lado, conmigo, y me ayudará.

Dios quiere que creamos en su amor, que caminemos en su amor y estemos en paz mentalmente. Esa es la tercera arma, que es tener buen juicio. Él no quiere que vivamos atormentados por pensamientos impulsados por el temor que conducen a mucha preocupación y estrés. Dios tiene hombros más grandes que los nuestros, y quiere llevar por nosotros nuestras preocupaciones, pero tenemos que entregárselas a Él mentalmente. Tenemos que dejar sobre Él nuestras preocupaciones en oración.[5] No podemos controlar lo incontrolable, pero podemos confiárselo todo a Dios. Dios no duerme ni se adormece, de modo que alguna vez digo en tono de broma: "Si ves al diablo, dile que me he ido a la cama", pero en realidad no estoy bromeando.[6] Si Dios no duerme, y Él me cuida, entonces no tiene ningún sentido que los dos estemos despiertos. Sé que puedo confiar en que Dios se ocupará de todo lo que yo no puedo controlar.

Adrián y Jayne practicaron estos principios para seguir adelante, pero no solo una vez. Se apoyaron en lo que necesitaban para el momento, porque confiar en Dios es un proceso, una serie de decisiones, y no un acontecimiento de una sola vez. Es el viaje continuado llamado vida. Es un ciclo que repetimos diariamente, cada hora y a veces incluso minuto a minuto, y que conduce a un crecimiento regular. Vencemos, obtenemos paz, pero entonces nos llega otro golpe inesperado. Pero cada vez que pasamos por el ciclo nos hacemos más fuertes y más maduros. Por eso lo que antes solía sacudirme, ahora ni siquiera me mueve. Eso fue lo que les sucedió a Adrián y Jayne con cada informe negativo, con cada obstáculo, con cada amenaza de perder a Fraser.

ES TANTO/COMO

"Vivíamos cada momento de cada día sin saber nunca si Fraser viviría porque los médicos nos decían repetidamente que no duraría mucho", recuerda Jayne. "Por lo tanto, nos turnábamos para pasar la noche con él y quedarnos con los otros niños en el apartamento. Yo no podía soportar la idea de que él muriera y uno de nosotros no estuviera allí. Y el que estaba con los otros tres niños les leía cualquier cosa intencionalmente, antes de que se fueran a la cama, para

49

intentar crear algún tipo de normalidad. Cada día buscábamos algo de Dios para seguir adelante y darnos buenos recuerdos en un sitio tan horrible".

Por lo tanto, Adrián y Jayne se despedían con un beso cada noche, peleaban contra el temor cada día, y seguían adelante.

Nunca sabían lo que traería las veinticuatro horas siguientes.

"El temor a que Fraser muriera era tan real como el temor a que viviera", decía Jayne, "porque no sabíamos cómo sería el futuro".

Profundo. ¿Cuántos de nosotros vivimos nuestra vida cotidiana con temor al futuro porque no sabemos cómo será? Cuando verdaderamente no podemos controlar el pasado, el presente o el futuro. Jesús habló directamente a nuestra tendencia humana de tener temor a lo desconocido y preocuparnos por el futuro cuando dijo: "¿Quién de ustedes, por mucho que se preocupe, puede añadir una sola hora al curso de su vida?... Por lo tanto, no se angustien por el mañana, el cual tendrá sus propios afanes. Cada día tiene ya sus problemas" (Mateo 6:27, 34).

Dios quiere que confiemos en Él cada minuto de cada día, igual que hicieron Adrián y Jayne. Ellos tenían que confiar en que cada vez que Fraser respiraba, volvería a hacerlo. Ese nivel de confianza es en el que Dios quiere que estemos anclados todo el tiempo. Cuando esperamos en lugar de preocuparnos, entonces podemos vivir con un corazón lleno de esperanza. Cuando anticipamos lo mejor, en lugar de lo peor, podemos vivir llenos de fe cada día.

Yo pienso que Dios quiere enseñarnos maneras prácticas de confiar más en Él en nuestra vida cotidiana para que no vivamos conteniéndonos. Pero para ser liberados de este tipo de temor, tendremos que dejar que Él nos dirija dando un paso tras otro de crecimiento.

Eso es lo que Él hizo por Adrián y Jayne, y comenzó a enseñarles mucho tiempo antes de que naciera Fraser.

"Adrián era bombero, y la estación donde trabajaba estaba a unas pocas manzanas de distancia", explicaba Jayne. "Al principio en nuestro matrimonio, yo siempre escuchaba sonar las sirenas cuando recibían una llamada, y el temor me atenazaba. Recuerdo un día en que me dije a mí misma que no podía permitir que el temor me dominara de esa manera. Me estaba agotando. Dios me habló en Isaías 43, y se convirtió en una promesa a la que aferrarme con respecto a Adrián: 'cuando camines por el fuego, no te quemarás ni te abrasarán las llamas'. Pero también pensé: *Si Adrián muere en un incendio, entonces murió haciendo lo que Dios le había llamado a hacer.* Tuve que ser tanto realista *como también* caminar en fe.

Me encanta que Dios le enseñara a Jayne que no era cuestión de escoger; era tanto/como. Ella conocía los riesgos del trabajo que Adrián tanto amaba, y permaneció en la promesa de Dios para su seguridad. Entendió que podemos dar un paso de fe y aun así *sentir* temor. Podemos decidir creer la Palabra de Dios, poner nuestro corazón en sus manos, y aun así tener que resistir el temor que intenta echar raíces en nuestro interior. Podemos aceptar el proceso y seguir adelante, incluso si al mismo tiempo damos dos pasos hacia atrás.

Esta fortaleza de la fe de Jayne es lo que finalmente le permitió soportar el sufrimiento agónico de la enfermedad de Fraser. Algunos días ni siquiera podía tocar a su bebé porque él era muy frágil; su toque podía haberle provocado un paro cardiaco.

"Recuerdo el momento en que pensé que no podría soportar más sufrimiento con Fraser", dice Jayne. "Nuestras vidas habían estado fuera de control por mucho tiempo, y no había nada que yo pudiera hacer para solucionarlo. No sabía qué más orar. Habíamos ayunado, le habíamos ungido con aceite: todo lo que habíamos aprendido. Y la mayoría de esas veces, las cosas solamente empeoraron. Yo no sabía qué más pensar, decir o hacer; y el Padrenuestro surgía en mi corazón.[7] *Señor, danos nuestro pan de cada día.* Se me ocurrió que podía enfocarme solamente en el pan de cada día. Podía creer a Dios para el siguiente paso y dejar de pensar en nada más; por lo tanto, comencé a dar gracias a Dios cada día por el pan, le daba gracias por las pequeñas cosas. Después de casi un año de pelear por la vida de Fraser, eso era lo único en lo que podía enfocarme."

Dios le estaba mostrando a Jayne cómo confiar en Él en cada momento: recibiendo su pan de cada día. Dios no nos promete pan semanal, mensual o anual; nos promete pan diario: pan para el momento. Dios le estaba mostrando cómo vencer cuando ella se sentía totalmente abrumada, cuando el temor intentaba constantemente desestabilizar su corazón. Cuando ella no podía darle sentido a nada de lo que estaba sucediendo, cuando sentía que las circunstancias le estaban ahogando y no podía salir a la superficie para tomar aire. Fue cuando Dios dijo: *Deja de pensar en todo lo que no puedes controlar y simplemente enfócate en el día de hoy. Enfócate en lo que puedes hacer, en lo que puedes cambiar, en lo que puedes lograr para seguir adelante, aunque a veces des pasos atrás.* Él le estaba enseñando a no abrumarse.

Todos hemos estado en ese lugar donde, igual que Jayne, el enemigo nos ha dejado sin aire. Dios lo entiende cuando nos sentimos así, y Él inspiró el libro de Salmos para mostrarnos cómo identificar nuestros sentimientos y seguir adelante en fe para que así podamos levantarnos y volver a respirar. Él quiere que sepamos que está bien sentir temor, pero es peligroso permitirnos ser controlados por el temor.

Oye, oh Dios, mi clamor;
A mi oración atiende.

Desde el cabo de la tierra clamaré a ti,
cuando mi corazón desmayare.
Llévame a la roca que es más alta que yo.

Salmos 61:1-2 (RVR1960)

El corazón del salmista estaba quebrantado, y sentía tanta pesadez que expresó todo su dolor. Eso fue lo que hizo Jayne cuando sintió que ya no podía soportarlo más. Jayne sabía que vivimos en un mundo caído y que, debido a eso, siempre habrá problemas que no podemos resolver, pero podemos llevar cada uno de ellos a Aquel que sí puede hacerlo. Ella sabía que tenía que reconocer cómo se sentía realmente, y entonces llevar ante Dios todos esos sentimientos y sufrimiento.

Cuando sentimos que estamos perdiendo el ánimo, Dios quiere que nos apoyemos en Él: "Yo les he dicho estas cosas para que *en mí* hallen paz. En este mundo afrontarán aflicciones, pero ¡anímense! Yo he vencido al mundo" (Juan 16:33, énfasis añadido). En este versículo, "afrontarán aflicciones" significa ser aplastados. Problemas no resueltos y agitación continuada tienden a aplastarnos y ahogarnos; nos abruman, intentan mantenernos en un estado de temor perpetuo, pero tenemos que aprender a pelear la buena batalla de la fe a pesar de cómo nos sintamos.

"Hoy, cuando miro atrás, no puedo imaginar lo mucho peor que podría haber sido si no hubiéramos orado", dice Jayne, "si no lo hubiéramos ungido con aceite y hubiéramos permanecido en las promesas de Dios. Fe es un esfuerzo determinado para creer certeramente que Dios puede hacer cualquier cosa, incluso cuando no lo vemos, incluso cuando empeora antes de mejorar. No es negación.

No es exageración. Nosotros sabíamos que Fraser podía morir, pero decidimos creer que Dios podía sanarlo; y sabíamos que si moría, el cielo sería su hogar. En realidad era una situación en la que todos salen ganando, porque volveríamos a verlo algún día, pero desde luego queríamos que fuera sanado aquí en la tierra.

"Con frecuencia, los médicos y las enfermeras nos preguntaban por qué no estábamos histéricos. Siempre habíamos orado para ser una familia de influencia. Primera de Pedro 2:12 dice que vivamos una vida buena para que otros observen nuestras buenas obras y glorifiquen a Dios. Si Fraser vivía o moría, estábamos influenciando a otros con la bondad de Dios. Las personas sabían que éramos genuinos."

Jayne no estaba histérica porque sabía a dónde acudir cuando se sentía abrumada. Ella resistió el espíritu de temor y abrazó el *buen juicio* que Dios le había dado. Se apoyó en ese buen juicio para así no volverse loca con preocupación y ansiedad. Confió en el *poder* del Espíritu Santo para pelear la buena batalla de la fe, para cobrar ánimo y tener paz. Confió en el *amor*, el mayor de todos, y amó a sus hijos, a su esposo, a las enfermeras y los médicos. Amó y confió en Dios y en su Palabra. Se apoyó en pasajes que antes le habían ayudado en los momentos difíciles.

"Recuerdo cuántas veces pensé en la historia de la Biblia de los tres jóvenes hebreos a los que el rey lanzó al fuego. Ellos salieron y ni siquiera olían a humo.[8] Adrián siempre regresaba a casa desde la estación de bomberos y olía a humo", sonreía Jayne. "Pero cuando Fraser se enfermó, yo me mantuve firme sobre esos versículos, y le declaré a Dios en oración que cuando pasáramos por ese fuego no nos quemaríamos, y que ni siquiera oleríamos a humo".

DIOS SIEMPRE NOS ESTÁ PREPARANDO

En el umbral de cada reto, de cada nueva oportunidad de crecimiento, el enemigo enviará un espíritu de temor. Sé que cada vez que he pasado a otro nivel en el ministerio, en mi crecimiento espiritual personal o en las relaciones, he enfrentado temor. Cada vez que he decidido abrir otra oficina de A21 o ampliar el alcance de Propel (nuestro ministerio que ayuda a las mujeres a entender su propósito, pasión y potencial), el temor ha estado ahí para amenazarme, empujarme y oponerse. Cuando mi médico me dijo que tenía cáncer, el temor estaba a mi lado. Acosándome. Tentándome. Intentando derribarme. Cuando Nick llamó una vez para decirme que las niñas y él habían tenido un accidente de tráfico, el temor se asomó. No tuvieron heridas graves, pero el temor estaba listo para perseguirme en segundos, si yo hubiera cedido a él. Conozco de primera mano el poder del temor para intimidar, paralizar y debilitar.

Pero sabemos que Dios no envía el temor. En cambio, nos equipa para resistir el temor confiando en Él, igual que lo hice yo durante aquellas diez semanas de espera después de que me hubieran diagnosticado cáncer.

He aprendido que cada una de mis experiencias, tanto las esperadas como las inesperadas, nunca se desperdicia en Dios. He aprendido que Él usa en mi vida las experiencias pasadas y presentes para prepararme e impulsarme hacia mi futuro.

Eso es lo que Él hizo con todo lo que experimentaron Adrián y Jayne.

Ellos aprendieron que *enfrentar* el temor nunca termina, pero ser *controlados* por el temor puede tener fin. Aprendieron a prosperar interiormente a pesar de no ver mejoras exteriormente. Permitieron que Dios obrara en ellos, y eso permitió que Dios obrara por medio de ellos. Él no causó la enfermedad de Fraser, pero tampoco permitió que fuera en vano. Él estaba obrando por medio de eso para transformar a Adrián y Jayne, para enseñarles a no abrumarse.

Ellos se enfrentaron al temor diariamente durante años. Primero con Olivia, y después con Fraser. Podría haberlos destruido: su matrimonio, su familia, su fe en Dios. Pero en cambio siguieron enfrentándolo y luchando, negándose a permitir que echara raíces en sus corazones, y esa actitud les hizo convertirse en los increíbles padres y líderes que son en la actualidad.

Sin ni siquiera darse cuenta de ello, estaban viviendo el fruto del Espíritu: amor, alegría, paz, paciencia, amabilidad, bondad, fidelidad, humildad y dominio propio.[9] No es extraño que el personal del hospital estuviera sorprendido cuando ellos no se pusieron histéricos. Imagina si en cada situación de temor pudiéramos estar tan anclados en Dios, que el fruto del Espíritu fuera simplemente nuestra respuesta más auténtica. Imagina si mostráramos:

- Amor en medio de la indiferencia
- Alegría en medio de la tristeza
- Paz en medio del caos
- Paciencia en medio de la histeria
- Amabilidad en medio de la crueldad
- Bondad en medio de la maldad
- Fidelidad en medio de la indiferencia
- Humildad en medio de la dureza
- Dominio propio en medio de un mundo que gira fuera de control

Imagina cuán libres nos sentiríamos si aprendiéramos a creer verdaderamente que, en cada situación, la confianza es el antídoto del temor, que confiar en Dios conscientemente haría que nuestros momentos de ansiedad y pánico fueran breves. Imagina si pudiéramos crecer hasta un lugar donde la confianza en Él fuera nuestra primera reacción. "Confía en el Señor de todo corazón, y no en tu propia inteligencia. Reconócelo en todos tus caminos, y él allanará tus sendas" (Proverbios 3:5-6).

Yo creo que si lo hiciéramos, entonces nos convertiríamos en vencedores que nunca se verían abrumados. Seríamos cristianos que, cuando suceden eventos inesperados, demuestran el poder, amor y dominio propio que Dios nos ha dado. Nos convertiríamos en creyentes que creen y se desarrollan, en lugar de no prosperar.

A eso nos está llamando Dios. Cuando llegan desafíos inesperados, Dios quiere que los ojos de muestra fe miren hacia arriba inmediatamente, examinen el horizonte para ver cómo usará Él todo eso para nuestro beneficio, para nuestro bien, y para un propósito intencional de hacer avanzar su reino. Imagina el poder y la fortaleza que tendríamos si todos aprendiéramos a enfrentar lo inesperado y el temor, con una confianza inconmovible en Dios. ¿Y si aprendiéramos a responder como la Biblia nos muestra? ¿Para que todos lo vean? ¿No es eso lo que Adrián y Jayne aprendieron a hacer?

Jayne no permitió que el temor le obstaculizara. Incluso cuando la pelea por su fe se libraba minuto a minuto, el fruto del Espíritu se mostró en su vida. En una crisis abrumadoramente inesperada, ella fue luz en un lugar muy oscuro. ¿Puedes imaginar lo que Adrián y ella tuvieron que vencer para consolar a las otras familias cuando sus hijos no sobrevivieron? Qué valentía. Qué compasión. Qué amor.

Ellos transformaron el lugar inesperado y no bienvenido donde se encontraban, en un lugar con sentido y un poderoso ministerio, igual que hice yo cuando estaba sentada en salas de espera llenas de pacientes de cáncer. Quizá en los tiempos en que vivimos, podemos confundir a las personas respondiendo en fe en lugar de temor, dejando brillar nuestra luz con tanta fuerza que disipe toda la oscuridad que nos rodea.

Adrián y Jayne eran personas comunes que esperaban que Dios estuviera con ellos todo el día, cada día, en medio de lo inesperado. Ellos permitieron que Dios fuera Dios en sus vidas. Permitieron que Él los preparara para el corto plazo y para el largo plazo.

Debido a su fidelidad, Dios orquestó que ellos se unieran a Nick y a mí, y a nuestra familia de A21, hace casi una década. Dios utilizó cada experiencia con Fraser para preparar a Adrián para servir como nuestro jefe de operaciones, para salvar vidas que no prosperaban debido a la tragedia del tráfico de seres humanos. En aquel hospital, ellos pudieron seguir adelante donde estaban, incluso en las horas más oscuras, y confiar su futuro a Dios. Confiaron en que Dios de algún modo iba a utilizar esa situación para su bien, y Él lo hizo.

Es momento de que todos nosotros vivamos de esa manera. Yo creo que Dios quiere que lleguemos a un lugar de una fe tan grande, que anticipemos los beneficios que llegarán a nuestras vidas a medida que seguimos confiando en Él sin importar lo que estemos enfrentando. Es parte de cómo llegamos a ser más semejantes a Cristo.

Cuando Jesús estaba en la cruz enfrentando la muerte, pensó en algo más que su sufrimiento inmediato. Pensó en algo más que la fiereza del ataque del enemigo. Pensó en nosotros, y lo que producirían en nuestro futuro sus circunstancias de aquel momento. Y Él nos mostró cómo vivir libres del temor que llega inevitablemente con lo inesperado. Más adelante, el apóstol Pedro se apoyó en el ejemplo de Cristo cuando escribió:

> Queridos hermanos, *no se extrañen* del fuego de la prueba que están soportando, como si fuera algo insólito. Al contrario, alégrense de tener parte en los sufrimientos de Cristo, para que también sea inmensa su alegría cuando se revele la gloria de Cristo. (1 Pedro 4:12-13, énfasis añadido)

"No se extrañen". Podríamos leer eso como: *No tengan temor a lo inesperado. No piensen: ¿Y ahora qué?* No permitamos que el temor nos condicione para esperar lo peor. En cambio, avancemos con valentía en medio de cada evento nuevo esperando que Dios haga algo grande con nuestras vidas, confiando en Él con un nuevo nivel de fe.

Cuando participamos de los sufrimientos de Cristo, resistimos la tentación de limitar a Dios a nuestro entendimiento presente, creyendo que Él está escribiendo la historia de nuestras vidas que inevitablemente llegará a una conclusión de victoria. Resistimos la tentación de tener pánico, de pensar que es el final, de perder la esperanza para nuestro futuro. Resistimos la presión para preocuparnos, tener estrés y ser vencedores. Resistimos el abandonar y tirar la toalla. El sufrimiento de Jesús en la cruz fue algo *entre* lo que Él miró hacia el resto de la historia, nuestra historia, de redención, salvación y triunfo. Sí, le pidió a Dios que pasara de Él esa copa, pero siguió adelante.[10] Reunió su fortaleza, y aunque fue tentado con ansiedad y temor, incluso hasta el punto de sudar gotas de sangre, aun así se enfrentó a la cruz sin temor. Él tenía una perspectiva eterna que es muy distinta a nuestro pensamiento natural y de corto plazo.

Cuando comenzó la prueba de Adrián y Jayne, justamente seis semanas después del nacimiento de Fraser, no tenían modo de saber lo que habría casi veinte años después. Estoy segura de que en cualquier momento de su desgarrador viaje les habría encantado que su copa de sufrimiento pasara de ellos, primero con Olivia y después con Fraser. Pero su confianza absoluta en un Dios confiable los preparó para lo que Dios había preparado para ellos, y para todas las vidas que ellos ayudarían a rescatar.

UN ECLIPSE SOBRENATURAL

Al acercarse a casi un año completo de lucha, Adrián y Jayne seguían viviendo entre el apartamento del hospital y al lado de la cama de Fraser. Y hubo pocos cambios.

"Yo siempre fui sincero con Dios, diciéndole que no entendía por qué estaba sucediendo todo eso", confiesa Adrián. "Pero al mismo tiempo creía en sus promesas para mí y Jayne. Resistíamos el temor cada vez que intentaba atenazar nuestros corazones. Estábamos decididos a continuar."

"Creo que se puede aprender del temor en lugar de permitir que nos afecte", dijo Jayne. "Es como aprender a escapar de aguas revueltas, siempre enseñamos a nuestros hijos que si se quedan atrapados en ellas en la playa, no sientan pánico y peleen, sino que naden paralelo a la corriente porque finalmente terminará, y podrán escapar y nadar de regreso a la playa. Sí, resistimos el temor, pero el modo en que luchamos contra él es aprendiendo a enfrentarlo primero, para que pierda su efecto paralizador. Lo reconocemos tal como es y en cierto modo permitimos a Dios que nos haga crecer en medio de ello. Y cuando lo hagamos, Él nos ayudará a regresar a la orilla."

Un día, un líder de la iglesia de Adrián y Jayne pasó por allí, pues quería orar por Fraser. No había pasado ni solo día sin que alguien hubiera orado. Mientras el hombre oraba, un eclipse solar sobre Londres cubrió de oscuridad el cielo. Cuando el eclipse pasó y volvió a brillar la luz, algo cambió.

Cuando pesaron a Fraser al día siguiente, había engordado la mitad de una onza (unos 10 gramos). Fue como si él hubiera experimentado un eclipse sobrenatural, un paso de la oscuridad a la luz. Para Adrián y Jayne fue un milagro. Él pasó de estar cubierto por la oscuridad a cobrar vida gradualmente. Ellos estaban sorprendidos de que siguiera ganando peso cada día después de aquello. ¡Comenzó a desarrollarse!

"Tras cuatro meses y medio en el hospital Children's Great Ormond Street", decía Adrián, "decidieron que Fraser estaba mejorando lo suficiente para enviarnos a casa. Había pasado un año entero desde que lo llevamos por primera vez a urgencias. Él fue el único niño en esa ala que regresó a su casa. Seguimos volviendo al hospital semanalmente para las revisiones, y aprendimos a inyectar nutrición en su cuerpo mediante un tubo en su costado cada cuatro horas, *durante los cuatro años siguientes*. Entre bromas llamábamos a aquello su 'combustible de cohete', y olía fatal, pero no nos importaba. Él se estaba desarrollando".

Fraser tenía diez años cuando le quitaron por completo toda la medicación. Tenía doce cuando finalmente pudo asistir a una escuela local. Actualmente es un estudiante esbelto, de seis pies (1,85 metros) que está en su tercer año de aprendizaje en construcción de paisajes. Juega al rugby; conduce su propio auto, y sirve como líder de jóvenes en la iglesia. Tiene dos pequeñas cicatrices en su abdomen que testifican de sus primeros años de vida frágiles.

Adrián y Jayne aprendieron verdaderamente a dejar atrás el temor y seguir adelante en fe, y abrazan con gran fe cada tarea que Dios ha preparado para ellos.

Actualmente, cuando Adrián mira a los ojos huecos de una joven rescatada que está bajo el cuidado de A21, no ve su alma demacrada, su mente atrofiada, o su corazón que apenas bombea. No declara que ella tiene un diagnóstico sin esperanza: *un fallo en el desarrollo.*

Él sabe otra cosa. Sin importar cuantos días, semanas, meses o años tengan que pasar, él sabe que ella recuperará la vida. Un día habrá un eclipse sobrenatural: un punto de inflexión. La oscuridad se convertirá en luz. Todo ello por confiar en Dios a pesar de todo, y no abandonar nunca. Todo ello por creer que los eventos inesperados en nuestras vidas pueden ser utilizados para un gran beneficio. Para nuevos niveles de fe. Para nuevas aventuras en Dios.

Capítulo 3

CUANDO LO INESPERADO DECEPCIONA

Levantarse con resiliencia

La mayoría de las personas quieren estar rodeadas de seguridad, no de lo inesperado. Lo inesperado puede sacarte de balance. Pero lo inesperado también puede apoderarse de ti y cambiar tu vida. Poner un corazón en tu cuerpo donde solía haber una piedra.

—Ron Hall

Hundiéndose aún más en el sofá mientras la luz de la habitación se iba atenuando debido a la puesta de sol, Amanda se quedó mirando a su teléfono con la mirada perdida, como si en cualquier momento un texto fuera a revelar todas las respuestas, y salvarla. No del infierno o la condenación. Sino de sí misma. Ya no tenía más energía para llorar; no tenía más fuerza para agarrar los pedazos de su corazón. No tenía ánimos para levantarse del sofá.

Como si coqueteara con el chico malo de la secundaria, ella jugaba con su dolor tentándose con ponerle fin a todo y nunca más volver a sentir nada; ni la emocionante euforia ni los desastrosos bajones de ánimo que siempre seguían después. Ella no quería volver a repetir este ciclo. Ni una vez más. Ni una experiencia más de…

Algo maravilloso que termina abruptamente.

Algo esperanzador que falla inesperadamente.

Algo prometedor que se derrumba rápidamente.

Todos los caminos que conducen a: *Pero ¿qué pasa conmigo?*

El Príncipe Azul que resulta no serlo en absoluto.

Estar sentada a solas entre las sombras. Otra vez.

La insensibilidad iba rodeando su mente poco a poco como si alguien estuviera cubriendo su cuerpo con una sábana hasta que finalmente cubría su cabeza. Sería tan fácil… *tan solo dejarse llevar.*

Acercando lentamente un almohadón pequeño a su pecho como si fuera un salvavidas, Amanda se aferró a la vida.

¿Cómo llegué hasta aquí?

Yo no soy así.

Dios, ayúdame.

Mientras la nube de decepción amenazaba con sobrecogerla, Amanda sintió que volvía a la vida repentinamente por un instinto primitivo de supervivencia. Estiró el brazo. Con sus manos temblorosas y su corazón latiendo rápidamente, envió un mensaje de texto a una amiga que estaba pasando por un momento igualmente difícil: "Hola, ¿cómo estás?".

"No, ¿cómo estás *tú?*", respondió su amiga al instante.

¿Cómo estoy yo?, pensó. Amanda sinceramente no conocía la respuesta. Todo aquello fue muy inesperado. No era así como ella se había imaginado que su vida se desarrollaría.

UNA MUCHACHA EXTRAÑA

Amanda siempre había sido una persona fuerte; sin duda no alguien dado a tal desesperanza. Pero, como todos nosotros, sentía que solo podía soportar el dolor y el desengaño hasta cierto punto, antes de llegar a la total desesperación.

La mayoría de nosotros no nos criamos sabiendo cómo procesar de una manera saludable profundos sentimientos de rechazo, de modo que atravesamos momentos desgarradores, amontonando nuestro dolor y guardándolo en nuestro corazón, hasta que nuestro corazón no puede contener ni una pizca más de sufrimiento. Es entonces cuando recurrimos a lidiar de maneras destructivas. Simplemente queremos que el dolor se detenga, y que los sentimientos de desesperanza y desesperación lleguen a su fin.

Eso fue lo que le sucedió a Amanda. Ella se crió en un pueblo diminuto en el sur de los Estados Unidos, con una población de ochocientas personas, el tipo de lugar donde todo el mundo conoce a todo el mundo y todos sus asuntos. El tipo de lugar donde todos asistían a la misma iglesia desde que eran pequeños. El tipo de lugar donde todo el mundo se casaba con un novio o novia de la secundaria o la universidad. Todo el mundo excepto Amanda.

Fue entonces cuando Amanda recuerda por primera vez el dolor del desengaño intentando establecerse en su corazón.

"Cuando era pequeña, recuerdo que siempre pensaba: *¡Tengo muchas ganas de ser una esposa!* Sentía que Dios puso ese deseo en lo profundo de mi corazón, y sin embargo siempre tuve la conciencia de que no sucedería de una manera normal para mí, cualquiera que fuera esa normalidad. Pero siempre confié en Dios. Sabía que quería casarme, y en nuestra comunidad, casarse era algo que se esperaba tanto como respirar, o ir a la escuela, al trabajo o a la iglesia. No se expresaba en voz alta, pero se percibía que una persona no estaba completa o que ni siquiera había comenzado su vida como adulta hasta que se casaba.

"Cuando mi hermano se graduó de la secundaria en el mes de mayo, se casó en julio. Cuando mi hermana mayor se graduó de la secundaria en el mes de mayo, se casó en junio. Cuando mi otra hermana terminó la universidad, se casó justamente después de la graduación. Yo fui a la universidad y me gradué, y seguía soltera. Me convertí en la muchacha extraña."

A medida que pasaron los años, Amanda seguía confiando en Dios, pero estar soltera se convirtió en la carga más pesada que ella había conocido jamás. Y los repetidos desengaños a causa de relaciones fallidas se volvieron tan familiares como las cenas de los domingos.

"Era un misterio que nadie te permitía que olvidaras", decía Amanda mientras describía un año tras otro de estar soltera. "Cada reunión familiar incluía *la pregunta*: 'Amanda, ¿cuándo te vas a casar? ¿Has conocido a alguien últimamente? Quizá estás esperando demasiado en un hombre. ¿Has visto últimamente a Joe, el primo de John? Es realmente agradable'.

"Mis amigas y familiares tenían buena intención. Me querían, pero trataban mi soltería como si fuera una enfermedad que había que curar. Mi corazón quería estar abierto a cualquier consejo bueno, pero sus sugerencias iban carcomiendo mi confianza. Cuando sugerían que yo intimidaba demasiado, mi pensamiento era: *De todos modos, ¿qué significa eso? ¿Por qué tendría que minimizar el modo en que Dios me creó para que así un hombre no se sienta inseguro a mi lado? No quiero a un hombre al que tenga que empujar rebajándome yo misma.* Ellos sugerían que necesitaba intentarlo con más fuerza. *¿Cómo lo intento 'con más fuerza'?* Ellos decían que yo era demasiado exigente. Eso era siempre lo más difícil de escuchar. Por mucho que yo intentaba estar agradecida por su interés, mi corazón tenía la sensación de que trabajaba en exceso para mantenerse positivo. Yo confiaba en Dios, pero practicarlo cada día en la vida real no era fácil".

Amanda no tuvo citas con muchos muchachos a lo largo de los años, pero sí tuvo las suficientes para conocer el sufrimiento crónico que se produce cuando las personas, y la vida, nos fallan.

Su primer novio serio fue también el primero en romperle el corazón. Lo llamaremos el Señor Vaya a la Cárcel: "Él fue el primer muchacho al que abrí mi corazón. Venía de una familia estupenda, encajaba muy bien con la nuestra, pero llevaba una doble vida". Amanda hizo una mueca de dolor. "Por lo tanto, él fue a la cárcel y yo fui a la universidad. Nunca pude dejar que mi corazón se abriera totalmente otra vez hasta años después".

Entonces llegó el Señor Vamos a Hacer Dinero: "Él era todo lo que tu mamá quiere que lleves a casa para que conozca a la familia", recordaba Amanda. "Había terminado sus estudios de medicina y estaba comenzando su residencia. Era económicamente estable, agradable, exitoso. Las personas de la iglesia pensaban que éramos una pareja estupenda, y las expectativas aumentaron. Pero a lo largo de los meses me di cuenta de que él no quería seguir al Señor de la misma manera que quería hacerlo yo. Fue muy doloroso abandonar la seguridad de un hombre y escoger a Jesús, pero yo sabía que tenía que hacerlo".

Después llegó el Señor Seamos Solo Amigos: "No podía mentirme a mí misma", admitía Amanda. "Yo quería que nuestra relación funcionara. Estaba muy cansada de la presión de querer estar casada, de querer poner fin a todas las sensaciones de lo desconocido, de siempre buscar y preguntarme, de querer ser vista, conocida y amada. Quería pertenecer a alguien. Quería que alguien me abrazara al final de cada día. Pero sabía que no era él, de modo que nos separamos como amigos".

Finalmente apareció el verdadero Príncipe Azul, el Señor Demasiado Bueno para Ser Verdad: Amor. Romance. Interés. Búsqueda. Seguridad. Él parecía proporcionarle todo, pero al final resultó ser un romance de novela, pero sin el final bonito de la novela. La noche en que rompieron fue el último golpe para su corazón, el que le dejó sin respiración.

Aquel día fue la culminación de casi una década de citas que parecía que no conducían a ninguna parte. Fue difícil para Amanda sentirse tan exitosa en cumplir su propósito, tan afortunada en sus amistades, pero sufrir una pérdida inesperada tras otra en sus citas. Se había graduado de la universidad, fue ascendida regularmente en su trabajo, todos en la iglesia la querían, era adorada por su familia. Sin duda alguna, un buen partido. Pero cuando no pudo darle sentido a la razón por la cual tantas relaciones fracasaban inesperadamente, se hundió emocionalmente. Aunque se había criado en un hogar cristiano estupendo y sirvió a Dios en el ministerio por años, no tenía ni idea de cómo manejar las decepciones repetidas, no sabía cómo negarse a permitir que el desengaño hiciera que se retirara interiormente, se encogiera en su fe, y se volviera temerosa, incapaz de confiar por completo.

Por lo tanto, diez meses después de conocer al Señor Demasiado Bueno para Ser Verdad, allí estaba... sentada en el sofá, incapaz de responder al mensaje de texto de su amiga. El desengaño, y todos los desengaños anteriores, tuvieron un efecto paralizador, y pensamientos daban vueltas en su cabeza: *¿Qué me pasa? ¿Por qué soy siempre la muchacha extraña?*

TODAVÍA SOLTERA

Igual que Amanda, yo sé exactamente lo que se siente al tener casi treinta años y estar soltera, al ser la muchacha extraña en un grupo donde todas mis amigas estaban casadas y la mayoría tenían hijos. Recuerdo sentirme muy sola a veces, queriendo desesperadamente cumplir mi propósito y no comprometer de ninguna manera el llamado de Dios en mi vida, y preguntarme si era posible también estar casada.

Desde que era pequeña, yo era la anomalía en mi gran familia griega tan ruidosa, y me refiero a una familia tan grande que incluso los primos terceros estaban en cada reunión familiar. Mientras la educada familia de Amanda partía pan en las cenas de los domingos, ¡la mía partía platos! Éramos volátiles. Nos gustaba celebrar. Éramos caóticamente divertidos. Y típico de la cultura griega, *toda* mi gran familia sentía que era su responsabilidad y su derecho estar involucrados en el éxito, o el fracaso, de mi vida personal. Realmente éramos así. Ruidosos. Griegos. Igual que en la película. Sí, esa película.

Casarse y tener hijos era lo máximo para una buena muchacha griega. Eso era el éxito ante los ojos de mis padres, y para asegurar mi futuro ganador, incluso me prometieron en matrimonio a un joven como si fuera un negocio cerrado. Era fundamental para ellos que yo me asegurara un esposo, y lo más rápidamente posible.

Pero ser una muchacha independiente a quien le gustaba leer, jugar al fútbol con los muchachos y ser el líder, me hacía… bueno, no exactamente una deseable esposa griega tradicional.

"Christina", se lamentaba mi mamá, "¿cuántas veces tengo que decirte que a los muchachos no les gustan las muchachas inteligentes o rudas? Para que te cases, los muchachos tienen que verte en la cocina cocinando, no leyendo un libro".

Pero esa pasión de mis padres porque yo me casara se tropezó con un muro cuando me aceptaron en la Universidad de Sídney a los dieciocho años: uno de mis mayores sueños en aquel momento. Aterrados de que yo tuviera más educación formal que mi futuro esposo, los padres de mi prometido me dijeron que si seguía adelante con mi educación y obtenía una licenciatura, entonces no podría casarme con su hijo. Verdaderamente yo quería estar casada, pero en aquella época el deseo de ir a la universidad era mayor. Así que hice lo impensable. Escogí lo inesperado. Escogí la universidad y quedarme soltera: durante muchos, muchos años más.

Decir que a mi mamá y a cada una de mis tías no les agradó cuando puse fin a la relación con mi prometido, es quedarse corto. Según su opinión, yo era un completo fracaso, pero sabía en mi interior que hacía lo correcto aunque era muy ilógico para el modo en que me habían criado.

Aunque conocí a Nick una década después y finalmente me casé con él, en ese momento me sentía una fracasada en muchos niveles, y simultáneamente con éxito en muchos otros. Me dirigía a la universidad, decidida, ambiciosa y valiente; sin embargo, estaba soltera. Y era *vieja* según los estándares de mi familia. La pregunta que siempre estaba en su mente era: *¿Qué le pasa?*

Resulta familiar. Amanda era un éxito (brillante, bonita, con dedicación, amaba Jesús con todo su corazón) y sin embargo, la soltería le hacía *sentir* que era menos que un éxito. Como si hubiera algo equivocado en ella. Pero seguía confiando en Dios, y seguía teniendo citas con valentía.

ATASCADOS EN UN MOMENTO

A medida que pasan los años, y esperamos que nuestros sueños se cumplan, se necesita valentía: para seguir confiando en Dios, para mantener nuestros corazones abiertos y tiernos, y para seguir arriesgándonos a volver a intentarlo. Al comienzo de cualquier viaje es más fácil estar lleno de entusiasmo y mantener una actitud positiva. Así comenzó Amanda con su deseo de ser una esposa. Estaba llena de esperanza expectante.

Pero entonces sucedió algo. El primer novio de verdad le hizo daño. Y ella se retiró, incapaz de volver a abrirse por completo durante los años siguientes.

Algo parecido nos sucedió a ti y a mí. Alguien nos decepcionó. Sucedió algo inesperado. O como en la vida de Amanda, aquello que ella esperaba, anhelaba, para lo cual vivía, *no* sucedió. En cualquiera de los casos, personas, y la vida, nos fallaron.

Ese tipo de decepción inevitablemente nos sucederá a todos nosotros, porque el enemigo se asegurará de que seamos golpeados al menos con algunos golpes inesperados que nos hagan tambalear. Hará todo lo que pueda para detener nuestras esperanzas de tener lo mejor y dar comienzo a nuestras expectativas de lo peor. Reforzará la creencia de que si damos un paso y volvemos a arriesgar nuestro corazón, las personas volverán a fallarnos. Y poco a poco nos vamos moviendo de la fe al temor, y el desengaño se asienta en nuestro corazón y encoge nuestros sueños. Y con el tiempo, ese desengaño nos conduce a la duda y a retirarnos. Nos apartamos para protegernos a nosotros mismos de arriesgarnos a ser heridos otra vez.

Nos volvemos insensibles.

Dejamos de confiar en la promesa de Dios para nosotros, o dudamos de haberla oído en un principio.

La decepción, ese sentimiento de desilusión cuando nuestras emociones tocan fondo y nuestra fe también, es una potente fuerza destructiva. Puede dejarnos atascados en un momento doloroso mediante el cual filtramos e incluso renunciamos a experiencias futuras. Es una fuerza que tenemos que enfrentar y vencer para vivir una vida llena de fe abrazando lo inesperado.

Es una lección que yo aprendí por una experiencia con mis hijas. Cuando eran más pequeñas, y porque vivíamos en el sur de California y obteníamos un gran descuento por ser residentes, los viajes frecuentes a Disneylandia eran las mini vacaciones perfectas. Recuerdo una visita que alteró por mucho tiempo mis sueños de hadas.

Ahora bien, la historia que estoy a punto de contarte es sin duda alguna alegre, pero la verdad de lo que aprendí sobre el poder paralizante de la decepción, y que tenemos que quedar desatascados, fue muy profunda, y he aplicado esta lección a mi vida desde entonces.

Saltando de una atracción a otra en Fantasyland, Sophia y yo nos subimos rebosantes de emoción a nuestro barco pirata en la atracción de Peter Pan, principalmente porque yo no me subo en atracciones aterradoras para adultos y porque ella era aún lo bastante pequeña para pensar que Peter Pan era asombroso. Cuando comenzó el viaje, inmediatamente volamos por el hermoso cuarto de los niños hacia el cielo oscuro de Londres. La música llenaba la oscuridad: "Puedes volar. Puedes volar. Puedes volar". Las estrellas titilaban mientras volábamos pasando el Big Ben. Las ventanas de los edificios se iluminaban mientras la brisa acariciaba nuestras caras. Entonces, de repente, ahí estaba.

La tierra de Nunca Jamás.

Cuando nos preparábamos para ver el interior de la isla, observar a los muchachos perdidos pelear con el capitán Hook, deleitarnos en las hadas y el infame cocodrilo, nuestra fantasía se detuvo en seco por sorpresa.

La música fue disminuyendo hasta quedar amortiguada.

La oscuridad quedó interrumpida por un resplandor color ámbar.

Nuestro barco pirata se detuvo de una sacudida.

Mientras nuestros sentidos se ajustaban a los cambios, y nuestros ojos a las luces de emergencia, nuestro barco comenzó a avanzar lentamente a sacudidas. Entonces, cuando nos adaptamos a nuestro entorno pudimos verlo todo: *todo lo que no teníamos que ver*. Lo que había parecido tan real solamente momentos antes, de repente ya no estaba.

Las estrellas desaparecieron.

La luna no resplandecía.

La tierra de Nunca Jamás era una ilusión.

Yo estaba realmente decepcionada.

Pero Sofía no. Ella señalaba a todos los personajes. No le importaba que el viaje no fuera todo lo prometido. Al percibir mi molestia, ella quiso consolarme: "Está bien, mami; estas cosas suceden. ¿Podemos ir ahora a la atracción de Alicia en el país de las maravillas?".

Mientras yo me bajaba insensiblemente de la atracción y emprendíamos camino hacia la siguiente, mis expectativas de posibles aventuras comenzaron a disiparse.

En los meses siguientes descubrí que ya no disfrutaba del mismo modo las visitas al parque. Pasaba más tiempo con mi teléfono, perdida en mi propio mundo, mientras Sophia y Catherine subían juntas a las atracciones. Debido a una experiencia negativa, pasaba menos tiempo participando en el momento, lo cual significaba perderme la vida con mis hijas.

Por necio que parezca, yo estaba desilusionada. Había sido decepcionada.

Sí, era superficial, y quizá ahora estás levantando las cejas por mis palabras, pero la lucha era real.

Y la lección de vida muy poderosa.

Sophia manejó bien su decepción.

Yo no lo hice.

Ella fue resiliente.

Yo me quedé *atascada en un momento*.

Tuvimos exactamente la misma experiencia, pero dos respuestas totalmente diferentes.

Tuvimos exactamente la misma experiencia, pero terminamos emocionalmente en dos lugares diferentes.

No es extraño que Jesús dijera: "Les aseguro que el que no reciba el reino de Dios como un niño de ninguna manera entrará en él" (Marcos 10:15). Si queremos cumplir nuestro propósito y seguir amando la aventura, entonces debemos aceptar que algunas cosas se derrumbarán a lo largo del camino.

El viaje puede sacudirse y detenerse abruptamente.

Las tenues luces de emergencia quizá sean lo único que tenemos para iluminar nuestro sendero en medio de un periodo oscuro.

O las molestas luces de la realidad tal veces lleguen *todas*, parecido a los momentos en que Amanda se dio cuenta en cada relación de que "él no era el indicado", y entendemos que la vida no es lo que pensábamos que sería...

- El camino profesional que habíamos seguido es un callejón sin salida.
- El evento que habíamos planeado durante meses es un fracaso.
- La oportunidad por la que lo habíamos arriesgado todo se evapora.

Cuando la vida no va como nosotros queremos, y eso sucede muchas veces, y cuando nuestras expectativas conducen al desengaño total, no siempre sabemos cómo recuperar nuestro asombro de confiar en Dios. Cuando se producen repetidas decepciones, nuestro corazón puede enfermarse y nuestros pensamientos pueden volverse oscuros. Es entonces cuando el enemigo puede entrar y robar lo que queda de nuestra esperanza. Es entonces cuando la duda y la incredulidad pueden tomar lo que queda de nuestra fe; como le sucedió a Amanda.

RECUPERA EL ASOMBRO

Dios había puesto el deseo de casarse en el interior de Amanda a una edad joven, y ella tenía la expectativa de que así sería. Por lo tanto, año tras año ella había confiado en Dios. Sin embargo, año tras año siguió soltera. Finalmente se volvió difícil reconciliar sus deseos con el tiempo de Dios. Al final, esa fue la decepción de la que ella no podía salir sola.

Dios quiere que creamos y entendamos que sus promesas no tienen fechas de caducidad. No son como los pasaportes o las membresías en los gimnasios; no son como los condimentos que tenemos en el refrigerador o la comida en la despensa. Nuestro Padre celestial nos ha dado un libro lleno de promesas que no tienen fechas de caducidad, y Él siempre cumple sus promesas.

Aferrarnos a nuestra fe, incluso ante la decepción profunda, es fundamental. Hacer que las promesas de Dios sean más grandes que nuestras decepciones es esencial. Acudir a su Palabra y permitir que ella penetre en nosotros hace que nuestro corazón recupere la vida. Adorarlo a Él abre la puerta para que el Espíritu Santo nos aliente y nos sane, y así podamos volver a confiar. Aprender a cambiar nuestra perspectiva mediante pasos como esos nos ayuda a pasar del temor a lo inesperado, y a confiar en Dios en medio de ello.

¿Confiamos en que Dios es quien Él dice que es?

¿Confiamos en que Dios hará lo que Él dice que hará?

¿Confiamos en que Dios está haciendo que todo obre para nuestro bien y para su gloria?

¿Confiamos en que fiel es el que prometió?

Hasta que cambiemos nuestra perspectiva, no veremos las cosas con claridad, e incluso nos perderemos que Dios nos ministre directamente, igual que los dos discípulos que caminaban juntos y tristes por el camino de Emaús.

Los dos discípulos que se iban de Jerusalén desolados y profundamente decepcionados, habían seguido a Jesús y habían confiado en Él, solamente para quedar conmocionados y desilusionados por su crucifixión. Toda su esperanza había estado en Jesús, y en que Él era quien redimiría a Israel. Pero sus sueños habían muerto en la cruz con Jesús.

Aquel mismo día dos de ellos se dirigían a un pueblo llamado Emaús, a unos once kilómetros de Jerusalén. Iban conversando sobre todo lo que había acontecido. Sucedió que, mientras hablaban y discutían, *Jesús mismo se acercó y comenzó a caminar con ellos; pero no lo reconocieron, pues sus ojos estaban velados.*

¿Qué vienen discutiendo por el camino? —les preguntó.

Se detuvieron, *cabizbajos*; y uno de ellos, llamado Cleofas, le dijo:

¿Eres tú el único peregrino en Jerusalén que no se ha enterado de todo lo que ha pasado recientemente?

¿Qué es lo que ha pasado? —les preguntó.

—Lo de Jesús de Nazaret. Era un profeta, poderoso en obras y en palabras delante de Dios y de todo el pueblo. Los jefes de los sacerdotes y nuestros gobernantes lo entregaron para ser condenado a muerte, y lo crucificaron; pero nosotros abrigábamos la esperanza de que era él quien redimiría a Israel. Es más, ya hace tres días que sucedió todo esto. También algunas mujeres de nuestro grupo nos dejaron asombrados. Esta mañana, muy temprano, fueron al sepulcro, pero no hallaron su cuerpo. Cuando volvieron, nos contaron que se les habían aparecido unos ángeles quienes les dijeron que él está vivo. Algunos de nuestros compañeros fueron después al sepulcro y lo encontraron tal como habían dicho las mujeres, pero a él no lo vieron.

¡Qué torpes son ustedes —les dijo—, y qué tardos de corazón para creer todo lo que han dicho los profetas! *¿Acaso no tenía que sufrir el Cristo estas cosas antes de entrar en su gloria?*

Entonces, comenzando por Moisés y por todos los profetas, les explicó lo que se refería a él en todas las Escrituras.

Al acercarse al pueblo adonde se dirigían, Jesús hizo como que iba más lejos. Pero ellos insistieron:

—Quédate con nosotros, que está atardeciendo; ya es casi de noche.

Así que entró para quedarse con ellos. Luego, estando con ellos a la mesa, tomó el pan, lo bendijo, lo partió y se lo dio. *Entonces se les abrieron los ojos y lo reconocieron, pero él desapareció.* Se decían el uno al otro:

¿No ardía nuestro corazón mientras conversaba con nosotros en el camino y nos explicaba las Escrituras?

Al instante se pusieron en camino y regresaron a Jerusalén. Allí encontraron a los once y a los que estaban reunidos con ellos. «¡Es cierto! —decían—. El Señor ha resucitado y se le ha aparecido a Simón».

Los dos, por su parte, contaron lo que les había sucedido en el camino, y cómo habían reconocido a Jesús cuando partió el pan.

Lucas 24:13-35, énfasis añadido

Aquellos discípulos habían estado con Jesús la semana antes de su crucifixión y estaban llenos de esperanza. Pero cuando Él fue crucificado, ellos perdieron toda esperanza y se dirigieron de regreso a su casa en Emaús. Su mundo quedó destrozado porque los acontecimientos no se desarrollaron como ellos habían esperado. Incluso con todos los rumores de la resurrección, ellos aún no creían que Jesús estaba vivo.

Su viaje a través de la decepción y la desilusión, hacia la esperanza renovada, es con frecuencia el mismo camino que seguimos nosotros:

- *Jesús comenzó a hablar con ellos, pero ellos no reconocieron su voz.*[1] ¿Cuántas veces Él habla a nuestros corazones y, sin embargo, estamos tan perdidos en nuestras propias preocupaciones que no podemos oírlo?
- *Ellos estaban cabizbajos.*[2] Estaban destrozados y ni siquiera podían levantar la vista para mirar a ese compañero viajero que caminaba a su lado. Mientras miramos hacia abajo a nuestras circunstancias, y no levantamos la vista a Él, nos perderemos lo que necesitamos ver: lo que Él quiere que veamos.
- *Ellos preguntaron al único que realmente sabía lo que había sucedido si tenía idea de los acontecimientos decepcionantes.*[3] Cuando finalmente preguntamos a Dios qué piensa Él, abrimos la puerta para la claridad que solamente Él puede darnos.
- *Él los llevó de nuevo a la Palabra.*[4] Jesús conocía las promesas de Dios y explicó cómo se cumplieron esas promesas de una manera que cambiaría el mundo. Les dijo que un nuevo reino estaba a la mano. Siempre es la Palabra la que cambia nuestra perspectiva, de decepción a esperanza.
- *Finalmente, ellos lo vieron a Él en medio de su decepción.*[5] Cuán poderoso es cuando podemos levantar la mirada y ver a Dios, incluso cuando nuestras circunstancias están en desarrollo.

- *Ellos se levantaron enseguida. Su asombro regresó.*[6] Cuando nuestra esperanza es renovada, somos fortalecidos para seguir adelante.

Jesús siempre camina con nosotros en medio de nuestra decepción. En medio de nuestros sufrimientos. Guiándonos para recuperar nuestro asombro; guiándonos hacia algo mejor que hay adelante. Él es el único que nos ayuda a recordar que aunque nos suceda lo inesperado, Él nunca nos dejará.

Jesús estuvo a mi lado en cada decepción inesperada.

Estuvo ahí para Adrián y Jayne.

Estuvo ahí para Amanda.

Y está ahí para ti. En este momento. Donde tú estás.

CÓMO MANEJAR LA DECEPCIÓN

Todos experimentamos decepciones. Todos tenemos expectativas, ya sean grandes o pequeñas, que no se han cumplido:

- Amigos quebrantan su palabra.
- Nuestro matrimonio termina.
- Un colega nos traiciona.
- Nuestros hijos no resultan ser como esperábamos.
- Nunca tuvimos el hijo que anhelábamos.
- Nunca encontramos a nuestra alma gemela.
- No conseguimos el ascenso.
- Perdemos nuestro fondo de jubilación.
- Un sueño se convierte en una pesadilla.
- Nos decepcionamos a nosotros mismos diciendo o haciendo algo que lamentamos.

Pero a pesar de cómo nos sintamos, todas las decepciones del mundo nunca cambiarán las promesas de Dios, la realidad de Jesús, o su destino para nuestra vida. Ninguno de nuestros sueños rotos, sufrimientos personales, o planes hechos añicos pueden detener su deseo de que cumplamos nuestro propósito. La decepción es real, y las consecuencias pueden ser devastadoras. Para seguir avanzando, debemos aprender a ser resilientes, como Sophia. Debemos aprender a confiar como un niño; debemos aprender a manejar bien nuestras decepciones, de modo que podamos subir a otra atracción llenos de esperanza renovada. En caso contrario, mientras estamos atascados en la decepción que tenemos a las espaldas, nos perderemos la aventura que Dios prepara delante de nosotros.

No sé por qué Amanda sigue soltera, y ella tampoco lo sabe, pero ambas confiamos en Él.

No sé por qué yo tuve un aborto natural entre el nacimiento de mis dos hijas, pero confío en Él.

No sé por qué en todo el mundo hay hombres y mujeres que sufren el tráfico de seres humanos, pero confío en Él, y decido ser parte de la solución.

No sé por qué no fui sanada del cáncer de manera milagrosa e instantánea, pero estoy agradecida por todo lo que tuve que *pasar* para estar bien.

No sé lo que se ha roto en el camino en tu vida. No sé por qué tu vida ha experimentado acontecimientos inesperados, pero ¿querrás unirte a mí para volver a confiar en Dios una vez más?

¿Qué experiencia ha hecho que te detengas en seco?

¿Qué experiencia te ha sacudido hasta lo más hondo y ha robado toda tu confianza?

¿Qué experiencia has creído que te descalifica para el propósito al que Dios te ha llamado?

¿Ves que lo que *hacemos* con nuestras decepciones es lo que determina nuestro destino? Si no *atravesamos* nuestras dificultades, puede que avancemos en años, pero nuestra vida se detiene en el punto de nuestra mayor decepción. O bien *atravesamos* lo que sucede y manejamos bien las decepciones, o ellas nos manejan a nosotros.

Sophia manejó bien su decepción, y la mía. Pero yo no lo hice. Debido a una experiencia, solamente una experiencia, mis futuras aventuras en Disneylandia quedaron manchadas. Yo estaba allí físicamente, pero no mentalmente. Comencé a perderme un tiempo precioso con mis hijas porque no participaba en el momento. Permití que la decepción me manejara, y también a mis emociones y mis respuestas.

Recuerdo el día en que Dios me dijo que dejara a un lado mi teléfono y estuviera presente. Las niñas se habían subido juntas en una atracción, y mientras yo las veía despegar riendo y gritando, entendí lo mucho que quería estar viviendo ese momento del viaje con ellas, totalmente despreocupada. No quería estar mirando mi teléfono y poniéndome al día con los correos electrónicos. Mientras estaba allí de pie, preguntándome cómo me había desviado del camino, Dios me llevó de regreso a aquel momento en la atracción de Peter Pan y me mostró que, aunque realmente no me había dado cuenta, había permitido que una experiencia alterara mi punto de vista. Me había quedado atascada en un momento y mi perspectiva de la decepción había causado que me desconectara de un propósito importante: estar presente con Catherine y Sophia, y disfrutar de ellas.

¿Se te ha ocurrido alguna vez que, si vuelves a recordar tu decepción, Dios puede darte una nueva perspectiva al respecto, una que puede convertirse en una herramienta para ayudar a otros? ¿Que puedes tomar lo que Él te da y transmitirlo? Este es el principio que el apóstol Pablo describe en su segunda carta a la iglesia en Corinto:

> Alabado sea el Dios y Padre de nuestro Señor Jesucristo, Padre misericordioso y Dios de toda consolación, quien nos consuela en todas nuestras tribulaciones para que, con el mismo consuelo que de Dios hemos recibido, también nosotros podamos consolar a todos los que sufren.
>
> 2 Corintios 1:3-4

¿Has pensado alguna vez que Dios puede usar tus decepciones para trazar una nueva trayectoria para ti, una que te acerca más a tu destino? Eso es algo que yo he experimentado una y otra vez. Todas las decepciones en mi vida finalmente se han convertido en herramientas que pude utilizar para servir a otros. No dejaré que el enemigo tenga la última palabra, porque creo que hay citas divinas que están por encima de todas nuestras decepciones. Esta fue una lección que también Amanda aprendió.

UNA CITA CON EL DESTINO

Cuando Amanda rompió con el Señor Demasiado Bueno para Ser Verdad, nunca más volvió a verlo.

"Recuerdo decirle a Dios: 'No necesitaba eso'", decía Amanda.

"Y sentí que Dios me respondió: 'Necesitabas *exactamente* eso.'"

"Durante dos meses estuve avergonzada, en shock, herida, enojada, sufriendo. Y entonces la decepción en mi vida personal afectó a mi trabajo y mi liderazgo. En lo profundo de mi ser entendí que estaba decepcionada profesionalmente, e incluso espiritualmente. Pensé:

Si esto es vivir, realmente ya no quiero seguir viviendo. Pero en lo más hondo de mi ser sabía que esa no era la voluntad de Dios para mi vida. No era cierto. Dios estaba usando la decepción de otra ruptura para revelar otros problemas arraigados en mi corazón. Y yo sabía que tenía que procesar todo eso de manera saludable y terapéutica. Fue esa tormenta perfecta de sentirme un fracaso en cada área de la vida la que finalmente me empujó a buscar a un consejero cristiano. Sabía que necesitaba a alguien que pudiera ayudarme a examinar todas las emociones y pensamientos dolorosos, y las preguntas que me estaban bombardeando".

Me encanta cómo Amanda se negó a quedarse atascada en ese lugar de desesperación al dar los pasos que necesitaba para encontrar sanidad. Amanda tiene ahora treinta y seis años, y sigue teniendo citas. Su búsqueda de Dios sigue siendo implacable.

"Hace poco conocí a un hombre en la playa", decía Amanda. "Un perfecto caballero. Después de haber salido con él durante un mes aproximadamente, le dije al Señor: 'Dios, no quiero recorrer este camino a menos que sepa que tendrá un buen resultado. No quiero volver a pasar por el dolor'.

"Y Dios fue muy claro: *Nunca lo sabrás sin recorrer el camino. Siempre habrá heridas. Resultarás herida si funciona, y resultarás herida si no funciona. Las relaciones no se tratan del resultado final; se tratan de lo que yo tengo en ellas para ti. Para los dos. Les doy el uno al otro mutuamente, aunque sea por un periodo de tiempo. ¿No es suficiente eso? ¿Confías en mí en el proceso?".*

¿Ves el cambio de perspectiva? Del egoísmo a no ser egoísta. De resistirse al temor a aceptar la fe. De la ansiedad por lo inesperado a confiar aún más en Dios. Todo ello es el resultado de una tormenta perfecta que condujo a una transformación perfecta, lo cual es el proceso de crecimiento que describe Pablo como "llevar a cabo nuestra salvación". Él escribe:

> Así que, mis queridos hermanos, como han obedecido siempre —no solo en mi presencia, sino mucho más ahora en mi ausencia— lleven a cabo su salvación con temor y temblor, pues Dios es quien produce en ustedes tanto el querer como el hacer para que se cumpla su buena voluntad.
>
> Filipenses 2:12-13

Confiar en Dios es una serie de decisiones, y no un evento de una sola vez. Y requiere algo de nosotros, razón por la cual Pablo lo llama un "trabajo". Significa escoger, una, y otra, y otra vez:

- Mantenernos conectados a Dios y a su proceso. Diariamente.
- Procesar la desorientación mediante la perspectiva de Dios. Inmediatamente.
- Arriesgarnos, ser vulnerables y creer. Resilientemente.
- Pedir ayuda a Dios cuando no tenemos las respuestas. Valientemente.

Decidir confiar en Dios es parte de cómo vivimos una vida intencional. Decidimos no evitar la decepción, no evitar el dolor, sino más bien aprender a manejar bien nuestras decepciones, y abrazar la verdad de que la nueva aventura que hay por delante se ve distinta a lo que esperábamos.

La decepción es un lugar que atravesamos, no un lugar donde nos quedamos. Dios quiere que participemos emocionalmente en sus propósitos. Que vivamos en el momento. Plenamente vivos. Esperanzados. Él quiere que le permitamos restaurar nuestros corazones para así seguir adelante y cumplir su buen propósito para nuestras vidas. Incluso cuando las personas, y la vida, nos fallan.

Capítulo 4

CUANDO LO INESPERADO TRAICIONA

Perdonar totalmente

La pérdida es la puerta no invitada que nos presenta una invitación inesperada a posibilidades inimaginables.

—Craig D. Jonesborough

"Mami", comenzó a decir Sophia tranquilamente mientras estiraba las mantas sobre su cama y jugueteaba con el borde. "Ángela invitó a las muchachas a su casa hace un par de semanas... pero a mí no".

Mirando fijamente al techo mientras estaba tumbada a su lado, oculté mi reacción inicial detrás de mi "cara de escuchar". En mi interior, mi corazón se retorcía de dolor por el mordisco de saber que ella había sido excluida por el resto de "las muchachas": un grupo de amigas que hacían todo juntas. Y podía sentir lo que llegaría a continuación.

"Ella ha hablado de mí", dijo Sophia con labios que comenzaban a temblar. "Ella se burló de mí el otro día delante de todas, y después todas se fueron caminando juntas sin mí".

Nos habíamos tumbado en la cama de Sophia para charlar y orar antes de que ella se fuera a dormir; era uno de mis momentos favoritos del día con mi pequeña. Ella había estado inusualmente callada por la casa durante casi una semana, algo totalmente ajeno para una niña que habla o canta cada hora del día. Había estado retraída, había perdido la chispa y parecía ansiosa; sin duda, no era ella misma. Sophia es muy sensible y profunda, pero normalmente es poco convencional, alegre, y amante de la diversión. Le encanta el teatro y lo representa todo, desde obras de Broadway hasta discursos históricos. Con valentía. Con fuerza. Con alegría. Para que todo el mundo lo oiga.

Debido a que había estado inusualmente callada, yo indagué suavemente varias veces, intentando hacer que se abriera, pero ella lo evadía cada vez negando que algo fuera mal. Típico de una niña de esa edad. Sin embargo, mi antena maternal siguió desplegada y en alerta máxima, observando y orando por cualquier cosa que sucediera. Había estado esperando pacientemente a que algo saliera a la luz, a que llegara el momento en que ella estuviera preparada para hablar. Sabía que solamente sería cuestión de tiempo.

Ahora se estaba revelando todo.

"Vi que todas me señalaban cuando estábamos en el campo de juego después de la escuela". Sophia sollozaba y fue sacando la historia. "Sé que hablaban de mí, porque no creen que yo soy tan buena como algunas de las otras muchachas".

Su tierno corazón estaba totalmente roto, y mientras más hablaba, más roto estaba también el mío. Podía oír su confusión mientras intentaba con todas sus fuerzas expresar todos sus sentimientos y darle sentido al modo en que ellas se habían comportado. Yo podía sentir que se sentía incapaz de encontrar una solución; que ya no sentía que pertenecía. Yo tenía muchas ganas solamente de abrazarla y absorber todo su dolor para que ella no tuviera que pasar por nada de eso.

"Se comportan como si no quisieran que yo estuviera con ellas", y Sophia lloraba. "Ni siquiera sé por qué".

En mi interior, yo también lloraba. Sabía que ella no tenía modo alguno de saber lo que las muchachas habían dicho realmente, pero no tenía que saberlo. Ella conocía el espíritu de todo eso, y por mucho que yo vacilara para admitirlo, también lo conocía. Se me retorcía el estómago al pensar en ella observándolas y dándose cuenta de que estaba en el centro de su conversación. Podía ver su dulce carita con pecas enrojecida de vergüenza, sin saber qué hacer porque inesperadamente la habían apartado y dejado fuera. Podía verla allí de pie aturdida por ser atacada por la espalda, incapaz de defenderse. Ojalá yo hubiera estado allí para agarrar todos los dardos de fuego antes de que penetraran en su corazón. Me imagino que ella luchó con valentía para tragarse las lágrimas aquel día, igual que yo intentaba hacer ahora.

Habría sido mucho más fácil para mi corazón que esas muchachas me hubieran dado un golpe a mí en lugar de a mi pequeña. Ella había sido muy buena con ellas: con todas ellas. El interés que yo había visto que se tomaba al escoger sus regalos de cumpleaños. El modo en que se le iluminaba la cara cuando estaban todas juntas. *¿Cómo podían ellas...?*

Cuando abracé a Sophia, queriendo consolarla y calmarla, en realidad estaba consolando a las dos. Simplemente quería hacer que todo el dolor se alejara. Hacía pocos años atrás que había pasado por todo eso con Catherine, y era muy consciente de que algunas cosas en la secundaria nunca cambian.

Quería estar enojada con Ángela, con todas ellas, pero sabía que Sophia no quería. La mamá y el papá de Angela estaban atravesando un divorcio doloroso, intentando vivir una nueva normalidad en un lugar en el que nunca habían esperado estar, tratando de curar sus propios corazones rotos al mismo tiempo que cuidaban el de Ángela. Yo no tenía idea de cómo estaba afectando todo eso a Ángela, pero estaba segura de que ella actuaba por su propio dolor de tener que ajustarse a todos los cambios. Su mundo había sido sacudido, y ella era incapaz de detenerlo.

Mientras pensaba en qué decir y dónde comenzar, decidí tomarlo a la ligera por el momento. Habría muchas más conversaciones en el futuro, ya que el dramatismo de la secundaria parece nunca tener fin. Esa noche Sophia necesitaba amor, consuelo y dormir. Por lo tanto, le hice reír, le recordé quién era ella en Cristo, y le aseguré lo mucho que su familia la quería, y que les caía muy bien a todas las otras muchachas en la escuela. Le expliqué que a veces nuestras amigas tienen un mal día, o una mala semana, y algunas veces incluso un mal año. Y antes de salir de su cuarto, puse su banda sonora favorita y dejé que me la cantara entera. Cuando se quedó dormida, estaba contenta. Y yo estaba aliviada.

YO CONOCÍA SU DOLOR

Dios nos creó para las relaciones, y Él hizo las relaciones para nosotros. Nos creó para que estuviéramos conectados a Él y vivir nuestras vidas en comunidad con otros. A pesar de las fracturas que pueden producirse debido a diferencias de opinión o de perspectiva, la amistad es verdaderamente uno de los mayores regalos de Dios para nosotros. Eso es principalmente lo que yo quería que Sophia aprendiera.

Amo a las personas que tienen pasión, y estoy profundamente comprometida con mis amistades. No puedo imaginar mi vida sin mis amigas. Ellas son una gran fuente de alegría, compañerismo e inspiración para mí. Soy leal a mis viejas amistades, y me encanta hacer nuevas amistades; y sobre todo, me encanta presentar mis amigas a otras amigas, para que también ellas se hagan amigas.

El único reto es que tener amigos y ser un amigo requiere relacionarnos con seres humanos en la vida real; seres humanos con extravagancias, errores, emociones, desafíos, equipaje y expectativas. Es comprensible por qué nuestras relaciones pueden llegar a ser confusas a veces.

Me gustaría poder haberle dicho a Sophia que después de la secundaria, todos sus retos relacionales terminarían y que viviría feliz para siempre. Pero sabía que eso no era cierto. Este viaje de seguir a Jesús significa que si queremos que nuestro corazón se mantenga abierto, tierno, sensible y conectado a la humanidad, entonces debemos entender que nunca vamos a estar blindados contra el dolor y el sufrimiento inesperados. Sin importar con cuánto cuidado escojamos a nuestros amigos; sin importar cuánto tiempo los conozcamos; sin importar la edad que tengamos.

Una vez tuve una querida amiga a quien amaba sinceramente y con quien compartí muchos momentos de diversión. Teníamos charlas interminables de corazón a corazón sobre Dios, el ministerio, la vida, la familia, la moda, películas, libros, comida, y desde luego, el café. Compartíamos un vínculo increíblemente fuerte. Podíamos estar hablando de los asuntos más serios de la tierra, y al momento siguiente nos reíamos histéricamente. Ella era una de esas personas con las que no tenía que cuestionar mis palabras o filtrar mis respuestas. Sencillamente había comodidad entre nosotras; y teníamos las diferencias suficientes para que nuestra amistad fuera interesante, encantadora y en desarrollo. Era una de esas personas a las que podía llamar para cualquier cosa, una verdadera BFF (Las siglas en inglés significan "mejor amiga para siempre").

Hasta el día en que ella ya no lo era.

Ella se apartó de mí. Sin advertencia. Sin conversación. Sin explicación.

Me sentí igual que Sophia. Perpleja. Confundida. Asombrada. Intenté encontrarle el sentido a todo aquello, pero a pesar de cuántos recuerdos y conversaciones reviviera, seguía sin encontrarle el sentido. Yo le había permitido entrar en mi mundo interior, en mi corazón; le había permitido entrar en el espacio donde ella tenía la capacidad de romperme el corazón, y lo hizo. Había confiado en ella, había desnudado mi alma, me había arriesgado a que ella me viera, y ella me había rechazado. Quizá no hay mayor dolor entre amigas que el dolor de ser visto y después ser rechazado inesperadamente.

Cuando ella se apartó de mí, me sentí muy perdida con respecto a qué hacer, qué decir y cómo responder, igual que una muchacha de secundaria. Me sentí como si me hubieran derribado, tumbada en el piso y luchando por respirar, y necesitaba que Dios me ayudara a recuperar el aliento. Necesitaba que me ayudara a procesar la herida y dar sentido a lo que parecía incomprensible. *¿Cómo pudo hacerme esto?* Ella era mi amiga. Yo la quería y había compartido con ella gran parte de mi vida. Ambas amábamos a Jesús y queríamos ver su reino prosperar. ¿Cómo era posible eso?

Rechazo era lo último que yo esperaba de alguien en quien más había confiado. Me sentí como el rey David cuando escribió palabras desgarradoras sobre su propio amigo:

Si un enemigo me insultara,
yo lo podría soportar;
si un adversario me humillara,
de él me podría yo esconder.
Pero lo has hecho tú, un hombre como yo,
mi compañero, mi mejor amigo,
a quien me unía una bella amistad,
con quien convivía en la casa de Dios.

Salmos 55:12-14

Como David, yo me sentía destrozada al estar en el extremo receptor de una relación cortada cuando ni siquiera estaba segura de por qué terminó. Y todo ello desencadenó el rechazo de mi pasado. Ese era el talón de Aquiles de mi alma: todo el rechazo y el abandono que había experimentado de niña, toda la vergüenza. Mi respuesta instintiva fue cerrarme y apartarme; trazar una línea en la arena y no dejar nunca que alguien volviera a cruzarla. Levantar un muro alrededor de mi corazón y nunca más permitir entrar a nadie.

Pero yo era más sensata y quería hacerlo mejor. Conocía las consecuencias de endurecer mi corazón, y no quería llegar a ser una amargada, resentida y crítica. No quería quedarme atascada en arenas movedizas emocionales. Había vivido demasiada vida y había conseguido salir de demasiados lugares en el pasado como para renunciar a mi futuro y a todo lo que Dios quería seguir haciendo en mí y por medio de mí. Había llegado demasiado lejos, había ganado demasiado terreno en mi corazón como para dejarlo todo ahora.

Por lo tanto, como había hecho tantas veces antes, busqué examinar todos mis sentimientos y los hechos que entendía. Sabía que tenía que atravesarlos de una manera sana para que mis emociones no nublaran lo que yo sabía que era verdad sobre Dios, sobre mí misma, sobre mi amiga.

Pero debo admitir que tengo la capacidad de pensar en exceso ob- sesivamente, e intentar descubrir qué salió mal me consumía. En mi libro *Inavergonzable* describí que una de mis mayores fortale- zas, y debilidades, es mi capacidad de analizarlo todo. Como a la mayoría de las personas, me resulta difícil confiar en Dios cuando no entiendo lo que está sucediendo. Pero intentar razonar lo irra- zonable me conduce solamente a un lazo interminable de examen mental que no lleva a ninguna parte; y esta vez no fue diferente. Pasé semanas analizando cada conversación, releyendo cada texto, reviviendo cada vez que estábamos juntas, intentando desespera- damente descubrir qué había hecho yo para merecer eso. Si eres una persona que analiza obsesivamente como yo, entonces sabes tan bien como yo que eso no resuelve nada.

También sabía por todo lo que había experimentado en la vida que cuando siento algo tan profundamente, no debería hacer lo que muchos de nosotros somos tentados a hacer, y lo que con frecuen- cia había hecho en mi pasado. No debería intentar huir del do- lor enterrándome en mi trabajo. No debería intentar adormecer el dolor ignorando toda la situación, actuando como si nada hubiera sucedido, como si no me importara. Sí me importaba: profunda- mente. Sabía que tenía que abordarlo, *atravesarlo*, y no permitir que me hiciera descarrilar.

Mi vida y mi ministerio están construidos sobre relaciones. Todo lo que hago tiene que ver con intentar conectar a la gente con Dios y ayudarles a amarse los unos a los otros. Al enemigo le habría en- cantado que yo endureciera mi corazón, me cerrara, y me alejara de cualquier amistad genuina. Intentó convencerme de que la vida es más fácil si mantenemos a distancia a las personas, levantamos un muro alrededor de nuestro corazón, y evitamos que las personas se acerquen demasiado. Aunque yo tenía muchas amistades prós- peras, ese dolor me estaba quitando todo el enfoque, y *casi* creí la mentira del enemigo: que seguir amistades verdaderas, íntimas y piadosas era demasiado difícil a mi edad y en la etapa en que estaba en la vida.

Sabía que necesitaba comenzar con el perdón. Después de todo, empleo mi vida en enseñar a otros a hacer eso. Pero nunca es tan fácil como parece, especialmente cuando tenemos el corazón roto. Yo sabía que no podía permitir que lo que me sucedió se convirtiera en lo que creía sobre mí misma. Solo porque alguien me hizo daño no significaba que yo fuera indigna, desagradable o antipática. No significaba que yo valía menos o que no tenía valor. No significaba que yo no era una buena amiga o capaz de ser una buena amiga. Pero así me sentía, sin importar cuántas veces intentara refutar todas las mentiras que bombardeaban mi mente. *Si yo hubiera sido una buena amiga para ella, ella no se habría alejado de mí sin darme una explicación. Si yo hubiera sido una buena amiga para ella, ella me escucharía y tendría tiempo para mí. Si yo hubiera sido una buena amiga para ella...*

Pero yo *había* sido una buena amiga para ella. Había hecho todo lo que podía; e independientemente de lo que pudiera haber hecho mal, la amaba verdaderamente y quería lo mejor para ella. Quería que nuestra amistad durara. Nunca imaginé que terminara, y menos de esa manera.

Si quería dejar atrás ese dolor y no quedarme atascada en ese momento oscuro de mi vida, sabía que tenía que dejar de obsesionarme con acontecimientos pasados y caer en los brazos de Dios, permitirle a Él examinar todas mis emociones, y obtener el control de mis pensamientos desbocados.[1]

Cuando me acerqué a mi amiga para charlar y encontrar una solución, fue inútil. Ella ya no quería volver a hablar conmigo más de lo que parecía que las amigas de Sophia querían hablar con ella. Ella sencillamente se cerró, y me dejó fuera.

INVITA A JESÚS A ENTRAR

Ninguno de nosotros comienza en la vida planeando ser herido, ni herir a otros, pero eso sucede. Las personas nos fallan, y nosotros fallamos a las personas: repetidas veces. Sucede en nuestra niñez y continúa hasta nuestra vida adulta. Nuestras vidas están entretejidas con quienes nos rodean, tal como Dios lo dispuso, pero todos somos parte de una humanidad con defectos. Ninguno de nosotros triunfa siempre, nunca es así, de modo que es razonable que cada vez que abrimos nuestros corazones unos a otros, cada vez que entramos juntos en los mundos mutuos, es bastante posible que nos hagamos daño los unos a los otros.

Va a suceder, ya sea en nuestro noviazgo, matrimonio, trabajo o amistades. He escuchado muchas historias de mujeres que comenzaron su carrera profesional llenas de entusiasmo y talento, solo para quedar devastadas por críticas alteradoras que pospusieron o malograron su éxito. Ellas no sabían *no* creer todo lo que decía alguien que está en una posición de autoridad y *no* permitir que eso definiera quiénes eran ellas; por lo tanto, minimizaron su talento y se conformaron con un puesto menos satisfactorio. Creyeron las mentiras de que no eran lo bastante inteligentes, lo bastante talentosas, lo bastante sabias.

He escuchado historias de mujeres que se casaron con el amor de su vida solamente para que el matrimonio finalmente se derrumbara. Debido a todas las palabras hirientes que les dijeron, creyeron que eran unas fracasadas y que no eran dignas de una relación amorosa.

Solo porque experimentamos fracaso no significa que seamos un fracaso, pero eso es difícil de procesar cuando no sabemos cómo hacerlo.

Mi propia tía estuvo casada por veinticinco años cuando se enteró de que su mejor amiga había tenido una aventura amorosa con su esposo durante dieciocho de esos veinticinco años. Quedó devastada, y fue muy difícil verla interiorizar mentiras sobre sí misma debido a los actos engañosos de ellos. Sufría mucho por no entender cómo nunca lo supo; cuestionaba todo lo que ella había dicho o hecho que pudiera haber causado que ellos le traicionaran. Estaba obsesionada con lo que podría haber hecho de otro modo, creyendo que era ella quien había fallado.

Todos hemos pasado por situaciones profundamente dolorosas en las que palabras o acciones nos hirieron mucho y amenazaron con hacernos descarrilar, ya fuera por parte de un amigo, un cónyuge, un colega o un mentor. En las que...

- Un divorcio nos agarró por sorpresa
- Somos eclipsados por un compañero de trabajo
- Somos avergonzados públicamente por un líder
- Quedamos arruinados financieramente por un socio de negocios
- Somos juzgados por un familiar
- Somos rechazados por un amigo de toda la vida
- Somos traicionados por un colaborador en el ministerio

Nunca hemos olvidado esas ocasiones en las que perdimos la paz, el gozo y la esperanza, y algunas veces nuestra visión, pasión y propósito. Las heridas emocionales inesperadas son tan profundamente dolorosas porque son... inesperadas. Golpean cuando nuestras defensas están abajo y nuestros niveles de confianza están arriba. Es fundamental, entonces, entender que incluso cuando las personas nos abandonan y nos dañan, Dios nunca nos deja ni nos abandona.[2] Él entiende lo que se siente al recibir un puñetazo en el estómago, al quedarnos sin respiración; y Él se interesa. Promete estar a nuestro lado y ayudarnos. El salmista escribe: "El Señor está cerca de los quebrantados de corazón, y salva a los de espíritu abatido" (Salmos 34:18). Aunque las personas sean infieles, Dios es siempre fiel.

Cada vez que somos heridos profundamente, nos enfrentamos a la oportunidad de permitir que esa herida nos defina, durante un periodo de tiempo o durante el resto de nuestra vida. Quizá hemos alterado nuestro rumbo, achicado nuestros sueños, o renunciado a ellos por completo. Tal vez hemos creído algo sobre nosotros mismos, ya sea de modo consciente o inconsciente, que quizá no sea cierto. Eso es lo que yo enfrenté más de una vez; y eso es con lo que Sophia estaba lidiando aquella noche inolvidable.

REPLANTEA TU PREGUNTA

Recuerdo cuando el golpe inicial del daño que mi amiga me hizo comenzó a disminuir, y entendí lentamente que tenía que trabajar sin ella en todo mi dolor. Fue un momento decisivo en mi sanidad, un momento de evaluar, de apartar mi atención de cuán profundamente herida me sentía, y dirigirla a cómo podía mejorar. Pero en realidad no estaba segura de poder hacerlo yo sola, y llegar a estar tan sana como quería estar, así que decidí conseguir ayuda.

Cuando recibimos un golpe repentino que amenaza con derribarnos, necesitamos un sabio consejo cristiano. Yo soy una gran creyente en acudir a Jesús y a personas seguras que pueden ayudarnos a procesar heridas inesperadas. Debido a mis heridas del pasado, como las de mi niñez, sabía que era vulnerable en esta área, y por eso acudí a la consejería cristiana para recibir ayuda. Sabía que en último término Jesús es el único que puede sanar verdaderamente nuestras heridas más profundas, pero también conocía el valor de tener a alguien que me ayudara a examinar mis perspectivas y mi corazón.

Las heridas inesperadas revelan con frecuencia dolor inesperado, y por extraño que pueda parecer, yo quería aprovechar esa oportunidad para ser sanada de cualquier cosa que me estuviera acechando, y de la cual quizá no había sido consciente. Ya he estado en este viaje el tiempo suficiente para saber que cuando siento cierto tipo de sufrimiento, es una invitación de Dios a una sanidad más profunda que Él quiere hacer en mí. He estado tan quebrantada, herida y fragmentada que soy una obra en constante progreso. He aprendido a apoyarme en este tipo de dolor cuando sucede, aunque sé que hacerlo hará daño, porque deseo desesperadamente la sanidad que sé que hay al otro lado.

Sé que Dios a veces usa las fracturas relacionales para mostrarnos dónde estamos fuera de compás con Él; quizá nuestros afectos están mal ubicados. Es muy fácil tener expectativas poco realistas de otros, querer involuntariamente que nos amen del modo que solamente Dios puede hacerlo, y así disponemos nuestras amistades para el fracaso. No podemos esperar que las personas sean Jesús para nosotros; es demasiado injusto. Jesús es el único amigo verdadero que puede amarnos incondicionalmente y estar de verdad más cerca que un hermano.[3]

Por lo tanto, fue entonces, con la ayuda de un consejero, cuando poco a poco dejé de preguntar: *¿Por qué, Dios, por qué?* Porque, sinceramente, a veces puede que nunca lo sepamos, y porque esa pregunta por lo general nos hace descender a un agujero oscuro que no conduce a ninguna parte. En cambio, comencé a preguntar:

Jesús, ¿dónde estás tú en todo esto? ¿Qué puedes mostrarme por medio de esto? ¿Qué puedo aprender de esto?

No era la primera vez que había sido herida inesperadamente, de modo que sabía que siempre hay *algo* que Dios quiere hacer en mí. Él no causó la herida, fue mi amiga quien lo hizo, pero Dios está siempre dispuesto a usar nuestras circunstancias para traer más sanidad a nuestra vida si le permitimos hacerlo. Dios es bueno; Dios hace bien; y Dios usa todas las cosas para mi bien.[4] Estas son verdades que creo con todo mi corazón. Por lo tanto, cuando lo invité a Él a entrar, sabía que de algún modo Él usaría esa situación para mi bien.

Reformular mis preguntas cambió mi perspectiva. Dirigió mi enfoque de nuevo hacia Jesús, de donde vienen las respuestas verdaderas. Volvió a conectarme con la esperanza, lo cual significaba que ahora miraba hacia adelante y no hacia atrás, a todo el desastre emocional que tenía a mis espaldas. También situó mi corazón en una dirección de permitir que Jesús me moldee aún más para ser el tipo de amiga que yo siempre había querido.

Solamente Jesús podía sanarme por completo, de modo que tomé el tiempo para hablarle a Jesús de la pérdida que sentía, como si me faltara parte de mi vida, y Él me acompañó en la tristeza de ver cuánto me había herido todo aquello. Me dolí por la pérdida de alguien a quien había llegado a amar mucho. Me dolí por la pérdida de no tener que cuestionar mis palabras o filtrar mis respuestas. Me dolí por la pérdida de tener una amiga que me entendía implícitamente y me permitía ser yo misma. Extrañaba todo el tiempo y el espacio que ella ocupaba en mi vida. Extrañaba todas las risas que compartíamos. Extrañaba los textos al azar, y las bromas, y las peticiones de oración. Y le dije a Él todo eso. Me permití a mí misma estar en contacto con cómo me sentía verdaderamente siendo sincera con Dios y conmigo misma. Y cuando yo hice mi parte, Dios comenzó a hacer lo que solamente Él podía hacer: sanar mi corazón.

PERDONAR COMPLETAMENTE

Jesús nos perdona completamente cada vez que cometemos un error, y quiere que demos ese regalo libremente a otros. Quiere que perdonemos cada ofensa, sin importar cuán grande o pequeña sea. A veces, cuando la herida es profunda, puede tomar más tiempo para sanar y la relación quizá nunca vuelva a ser como era antes. De hecho, Dios tal vez ni siquiera quiera eso. Pero puede haber paz y comunicación cordial entre nosotros. Jesús quiere que practiquemos amor, gracia y misericordia, especialmente con quienes más nos han herido, porque a menudo son ellos los más heridos.

He descubierto que cuando hago daño a personas (y estoy devastada por mi capacidad de herir), a menudo se debe a un lugar quebrantado en mí: un lugar de ignorancia, temor, inseguridad o celos que no me daba cuenta de que estaba ahí. Estoy muy agradecida por las amigas que me muestran gracia, amor y perdón. Estoy muy agradecida por quienes me aman lo suficiente para seguir caminando a mi lado, a pesar de mis defectos.

En otras situaciones, cuando siento que alguien me ha herido de una manera que fue ilógica o irracional, con frecuencia me entero más adelante de que habían estado pasando por su propio camino de dolor, o tenían una herida de su pasado que estaba afectando nuestra amistad. Eso siempre explicaba mucho. Cuando me daba cuenta de su dolor, podía entender verdaderamente y ser más comprensiva. Revelaciones como esas siempre dirigían mis pensamientos fijos en el interior hacia una compasión enfocada hacia el exterior por lo que esa persona debía estar sintiendo, y me permitía mostrarle gracia.

Cada vez que he sido herida inesperadamente, eso ha renovado mi resolución a ser más rápida en pedir perdón, de modo que practico el perdón continuado tan frecuentemente como sea posible. Como esposa, puedo fallar en bondad o atención. A veces, mis feroces emociones griegas se llevan lo mejor de mí, y digo cosas que son injustas. Cuando me doy cuenta de cómo han sonado mis palabras o de lo que he hecho, le pido a Nick que me perdone. Como madre, también tengo muchas oportunidades. Amo a mis hijas con todo mi corazón, pero no siempre hago las cosas bien, y entonces les pido que me perdonen. Soy una mujer fuerte con convicciones, visiones y sueños para el futuro, de modo que como líder con más de doscientos miembros en nuestro equipo, no siempre hago las cosas bien con ellos. En esos momentos cuando me doy cuenta de que he metido la pata, quiero misericordia. Sin importar la diferencia de opinión, o las diferencias en personalidad e interpretación de las circunstancias, quiero perdón y gracia.

Eso es lo que Jesús quería que sus discípulos y también nosotros entendamos cuando respondió a la pregunta de Pedro: "Señor, ¿cuántas veces perdonaré a mi hermano que peque contra mí? ¿Hasta siete?

Jesús le dijo: No te digo hasta siete, sino aun hasta setenta veces siete" (Mateo 18:21-22, RVR1960).

Me resulta significativo que de todos los discípulos que podían haber preguntado a Jesús sobre el perdón, fue Pedro quien planteó esa pregunta. No pasó mucho tiempo para que Pedro tuviera que practicar un tipo de perdón aún más difícil: perdonarse a sí mismo.

Sucedió la noche de la Última Cena, cuando Jesús y los discípulos salieron del aposento alto tras la cena de la Pascua y caminaron hasta el Monte de los Olivos. Jesús comenzó a hablar, y profetizó que algunos de ellos lo abandonarían. Fue Pedro quien habló enseguida declarando su devoción: "Aunque todos te abandonen, yo jamás lo haré" (Mateo 26:33).

"Te aseguro —le contestó Jesús— que esta misma noche, antes de que cante el gallo, me negarás tres veces" (v. 34).

Pero Pedro era persistente: "Aunque tenga que morir contigo, jamás te negaré. Y los demás discípulos dijeron lo mismo" (v. 35).

Jesús entonces invitó a sus discípulos a ir con Él al huerto de Getsemaní. Allí, invitó a Pedro y a los dos hijos de Zebedeo a que se acercaran más mientras Él derramaba su dolor. Y les dijo: "Siéntense aquí mientras voy más allá a orar" (v. 36).

Cuando regresó una hora después, los encontró dormidos, y le dijo a Pedro: "¿No pudieron mantenerse despiertos conmigo ni una hora?... Estén alerta y oren para que no caigan en tentación. El espíritu está dispuesto, pero el cuerpoes débil" (vv. 40-41).

Jesús se alejó otra vez para orar una segunda vez, y después una tercera, y cada vez que regresó los encontró dormidos. Fue después de la tercera vez cuando los despertó, diciéndoles que quien lo había traicionado, Judas, había llegado, e iba acompañado por una turba que llevaba espadas y palos.

La turba enojada llevó a Jesús ante Caifás, el sumo sacerdote, donde maestros de la ley y ancianos se habían reunido, y fue Pedro quien siguió a una distancia segura, situándose finalmente en el patio desde donde podía ver y oír lo que estaba sucediendo.

Mientras tanto, Pedro estaba sentado afuera, en el patio, y una criada se le acercó.

—Tú también estabas con Jesús de Galilea —le dijo.

Pero él lo negó delante de todos, diciendo:

—No sé de qué estás hablando.

Luego salió a la puerta, donde otra criada lo vio y dijo a los que estaban allí:

—Este estaba con Jesús de Nazaret.

Él lo volvió a negar, jurándoles:

¡A ese hombre ni lo conozco!

Poco después se acercaron a Pedro los que estaban allí y le dijeron:

—Seguro que eres uno de ellos; se te nota por tu acento.

Y comenzó a echarse maldiciones, y les juró:

¡A ese hombre ni lo conozco!

En ese instante cantó un gallo. Entonces Pedro se acordó de lo que Jesús había dicho: «Antes de que cante el gallo, me negarás tres veces». Y saliendo de allí, lloró amargamente.

Mateo 26:69-75

Pedro quedó quebrantado por su propia fragilidad humana. Antes se había quedado dormido en el huerto cuando Jesús les pidió orar, más de una vez, y ahora había negado tres veces incluso que conocía a Jesús. Temió por su propia vida, temió ser descubierto como uno de los discípulos de Jesús, pero cuando se dio cuenta de todo lo que había hecho, que había negado a un amigo querido, al Mesías verdadero, a alguien a quien amaba, su corazón quedó hecho añicos.

¿Cuántas veces hemos sido nosotros quien hemos herido a otra persona? ¿Cuántas veces hemos deseado poder retrasar el tiempo y rehacer lo que hicimos? Seamos nosotros quienes somos heridos, o quienes infligen el dolor, nuestro corazón puede estar igualmente quebrantado y con necesidad de sanidad.

Cuando Pedro entendió lo que había hecho, quedó amargamente decepcionado consigo mismo. Pero a pesar de su trágico fracaso, Pedro pasó a cumplir su destino como Jesús había dicho: "Yo te digo que tú eres Pedro, y sobre esta piedra edificaré mi iglesia, y las puertas del reino de la muerte no prevalecerán contra ella" (Mateo 16:18). Dios usó a Pedro a pesar de sus imperfecciones y fallos humanos. Y mediante el ministerio de Pedro, las puertas de la iglesia fueron abiertas para los judíos, los samaritanos y los gentiles, prácticamente el mundo entero en aquel tiempo.[5]

Pero ¿y si Pedro nunca se hubiera perdonado a sí mismo? ¿Y si hubiera mantenido su enfoque en él mismo y todo su dolor? Atascado en un momento. Imaginemos si hubiera permitido que su corazón roto lo detuviera.

El perdón, pidiéndolo a Dios y a otros libremente, ofreciéndolo completamente a quienes nos han herido, e incluso perdonándonos a nosotros mismos, es parte de cómo sanamos.

Imagina si yo hubiera permitido que mi corazón quebrantado me retuviera cada vez que me lo han roto. Sin duda, no habría estado lo bastante sana para ser el tipo de mamá que Sophia necesitaba aquella noche cuando me expresó todo su dolor. Y en mi matrimonio, no sería el tipo de esposa que he aprendido a ser. Estaría haciendo pagar a Nick por cosas que él nunca hizo, porque mis acciones hacia él estarían arraigadas en heridas del pasado y abuso infligido por otras personas, parte de ello incluyendo hasta cuando yo estaba en el kínder.

¿Acaso no es eso lo que hacemos cuando tenemos heridas relacionales no resueltas? Las llevamos de una relación a la siguiente. Un nuevo jefe no debería tener que lidiar con todas las heridas causadas por un jefe anterior que no supo cómo guiarnos y dirigirnos de manera saludable. Un nuevo amigo no debería tener que ser evaluado sobre la base de cómo nos hirió el último amigo. Un nuevo cónyuge nunca debería tener que pagar por lo que hizo un excónyuge. Pero si no invitamos a Jesús a entrar y sanarnos de las heridas de relaciones pasadas, entonces eso es exactamente lo que sucederá, nos demos cuenta o no. Nos contendremos por temor a abrir libremente nuestro corazón, incapaces de entender que solo porque alguien en nuestro pasado nos hizo daño, no significa que todos en nuestro futuro harán lo mismo.

ESTAR ABIERTOS A BENDICIONES INESPERADAS

No conozco tu historia, pero sí entiendo que cuando experimentamos sufrimiento, podemos tener la sensación de que nuestra historia ha terminado, que hemos llegado a un callejón sin salida. Cuando las personas nos atacan inesperadamente, nos traicionan o nos rechazan, ya sea abiertamente o sutilmente, nuestra alma puede desalentarse tanto que somos tentados a abandonar. Pero cuando invitamos a Jesús a entrar en nuestra narrativa caótica, cuando le hablamos de nuestra historia y de todo nuestro dolor, entonces Él puede comenzar a reformar nuestra perspectiva, revivir nuestro corazón fragmentado, y restaurar nuestra capacidad de sentir, amar e interesarnos. Cuando lo invitamos a entrar, Él puede llenar de compasión otra vez nuestro corazón, como hizo cuando nos salvó, y podemos comenzar a confiar de nuevo.

Confiar de nuevo es el modo en que Dios quiere que se desarrollen todas nuestras historias, porque la confianza es el combustible que nos hace seguir adelante en fe, aceptando toda la aventura inesperada que Él ha planeado para nosotros. Dios nos creó para vivir con otras personas; y para cumplir nuestro propósito, necesitaremos construir y nutrir relaciones, conexiones que impliquen a personas que son muy humanas y que es posible que nos hieran. Debemos aprender a guardar nuestro corazón y, sin embargo, al mismo tiempo ser vulnerables ante quienes están cerca de nosotros.

Amigos, la persona que había estado tan cerca de mí, finalmente sí estuvo de acuerdo en hablar de corazón a corazón, y supe que ella había sido herida en otra situación y estaba tan enredada en su dolor y su pelea, que no se dio cuenta de cuánto me había herido. Sencillamente intentaba sobrevivir en sus propias batallas, y en lugar de atraerme para pelear a su lado, me alejó. Yo lo entendí y le perdoné, pero demostró ser una ocasión más de cómo las personas heridas hieren a las personas. Si queremos tener relaciones sanas, entonces necesitamos aprender a ser buenas en decir lo que Jesús dijo a quienes lo crucificaban: "Perdónalos, porque no saben lo que hacen".[6]

Yo quiero permanecer sana, de modo que perdono completamente a otros y sigo situándome ahí, arriesgándome a nuevas relaciones incluso si eso significa que podría ser herida. Hago todo lo posible por compartir los momentos tristes de mis amigos y también sus momentos felices. Hago todo lo posible por pasar por alto ofensas y pedir perdón cuando soy yo quien ofende. Sigo decidiendo ser vulnerable, mantenerme conectada con las personas, porque Dios nos creó para necesitarnos unos a otros, para amarnos unos a otros.

Esa era la tensión divina que enfrentaba Sophia. A medida que seguimos charlando en aquel periodo, ella y sus amigas volvieron a unirse, pero surgió una nueva dinámica entre ellas. Al año siguiente, ella fue a una escuela nueva y aprendió algunas lecciones valiosas: *algunas amigas están ahí durante un tiempo; algunas amigas son inofensivas de cerca; y algunas otras son inofensivas solamente desde cierta distancia.* No podemos incluir a todo el mundo en nuestro círculo interno y confiar en ellos igualmente. Como ella aprendió a no definirse a sí misma según otros la trataban, o a cerrar su corazón debido a dolor inesperado, sino a mantenerlo abierto para recibir bendiciones inesperadas en el futuro, hizo nuevas amistades fácilmente.

Yo estaba muy contenta un día cuando ella me preguntó si podía quedarse a dormir en casa una muchacha a la que había conocido en la escuela y con quien se llevaba muy bien. Nick y yo fuimos al piso de arriba y les dimos para ellas solas la cocina y el salón del televisor. Ellas llenaron toda la tarde con películas y muchas palomitas de maíz. Sentada en mi cuarto, no podía evitar oír sus intentos de susurrar que se convertían en risas ahogadas y arrebatos de carcajadas incontrolables. Cuando la tarde se convirtió en noche, habría sido inútil pedirles que se callaran. Pero a decir verdad, yo no quería que lo hicieran. Al captar de vez en cuando pedazos de su conversación, no podía evita sonreír. Estaba muy contenta de que ella no se hubiera apartado y hubiera perdido la riqueza inesperada de una nueva amistad estupenda.

¿Había sido doloroso su viaje? Sí. Para ella y para mí.

¿Había valido la pena? Bueno, a juzgar por la falta de sueño de aquella noche escuchando todas las risas que no se detenían, creo que sí.

Capítulo 5

CUANDO LO INESPERADO DESILUSIONA

Convertirse en un prisionero de esperanza

———

Debemos aceptar la desilusión finita, pero no perder nunca la esperanza infinita.

—Martin Luther King Jr.

"Ya puedes vestirte, LoriAnn".

Cubierta solamente por una manta ligera y una sábana, LoriAnn se movió un poco ante el sonido de la voz de la enfermera. Aún un poco mareada por el sedante que iba perdiendo efecto, se sentía incapaz de moverse, y mucho menos de levantarse. La pesadez de su corazón y todos los años de lucha parecían asfixiarla, manteniéndola pegada a la cama. Con los ojos entrecerrados por las luces fluorescentes y esforzándose por enfocar la mirada, intentó poner su cuerpo en acción, pero lo único que pudo lograr fue agarrar el extremo de la manta.

Mirando su entorno, observó que habían corrido a un lado la cortina, dejando ver el resto de la sala de recuperación. Parecía tan estéril y decepcionante como su último sonograma. Donde debería haber estado un milagro de la vida brillante y latiendo, solamente había habido silencio. Instintivamente, puso su mano sobre el abdomen. El lugar donde había estado su bebé creciendo era ahora solamente un nudo de tristeza y ansiedad. Ella lo había amado desde el momento en que lo esperaba y todo el tiempo que lo llevó dentro. Su corazón nunca había dejado de latir por él, incluso cuando el de él dejó de hacerlo. Ella nunca dejaría de amarlo. Nunca dejaría de querer abrazarlo.

"Puedes levantarte y vestirte cuando estés lista", repitió la enfermera.

Los efectos de mareo de la anestesia se estaban pasando, pero lo que permanecía empujaba a LoriAnn hacia un abrupto precipicio.

Y después, ¿qué? ¿Irme a casa y fingir que no ha sucedido nada? ¿Regresar al trabajo e intentar actuar como si todo fuera normal? Nada es normal. Y nada volverá a ser normal nunca... Lo único que quería era un bebé... mi bebé...

La enfermera solamente lo decía como un apunte amable, pero la mente crispada de LoriAnn no podía dejar de intensificar su corazón quebrantado y la dura traición de su vientre vacío.

Ya puedes vestirte porque...

Nunca serás madre.

Nunca celebrarás el Día de la Madre.

Estás defectuosa. Quebrantada. Estás mal equipada. Eres irreparable.

Y no hay nada que puedas hacer al respecto.

Girándose de costado y ocultando su cara entre la sábana, LoriAnn quería llorar, quería sentir la liberación, pero no podía. El arrebato de enojo se había disipado convirtiéndose en sentimientos de vacío y de insensibilidad: la calma que siempre precede a la tormenta que ella sabía que llegaría. Sabía que vestirse no ayudaría en nada. No borraría años de esperanzas que se debilitan; no saciaría el anhelo de su alma; no le prepararía para el silencio que le esperaba en su casa. Es allí donde llegarían las lágrimas: en la profunda tristeza y soledad que le esperaban en el silencio de su cuarto. Ninguna ropa ocultaría nunca su corazón hecho pedazos ni cubriría toda la vergüenza que ella sentía. Nada iba a protegerla de las cosas insensibles que dirían las personas, incluso si lo hacían con buena intención, especialmente al decir: "No te preocupes, siempre puedes volver a intentarlo" o "Bueno, no es como perder un hijo ya nacido".

Sí que lo era. Fue exactamente perder a mi hijo.

Demasiadas veces, ese tipo de comentarios había endurecido su corazón, pero esta vez ella sabía que no podría volver a soportarlo, porque nunca podría volver a intentarlo. Había luchado mucho para seguir embarazada cada vez que lo había estado, pero esta vez marcó el final de una batalla que ya no tenía las fuerzas para pelear. Una batalla que no le dejó ninguna otra opción sino rendirse.

Ella sabía que llegaría un tsunami de emociones, como había sucedido cada vez anteriormente. La tristeza que se convertiría en ira, chocando sin piedad con cada uno de sus pensamientos y sus sueños en las noches de insomnio. La difícil emoción con la que se tropezaría cada vez que escuchara a mujeres quejarse de estar embarazadas o de sus hijos. La amargura y el resentimiento que se establecerían a largo plazo en su corazón y que se le haría tan difícil desalojar de su interior.

Todo era muy injusto. Lo único que ella había querido siempre era ser madre. Desde que jugaba con muñecas cuando era niña hasta cuando cuidaba bebés en su adolescencia, se imaginaba lo que sería perseguir a sus propios hijos por toda la casa. Mientras más edad cumplía, siempre que alguien le ofrecía cargar a un bebé, ella extendía sus brazos, encantada de arrullar y acunar. Encontraba mucha alegría en organizar fiestas para sus amigas que iban a ser mamás, celebrando cada uno de sus nuevos hijos. Cuando se casó, no podía esperar a que llegara el día en que ella cargaría a su propio hijo. Era solo cuestión de tiempo.

Pero nunca pensó que el tiempo no podría darle lo que ella más quería.

Tener un bebé era lo que LoriAnn había pensado que todas las mujeres podían hacer, y lo que siempre había creído que Dios quería que ella hiciera. Cuando un embarazo tras otro no llegó a buen término, comenzó a orar como Sara, como Ana, como Elisabet, como cada mujer llamada estéril en la Biblia. E incluso cuando lo intentó con todos los esfuerzos médicos modernos que aquellas mujeres nunca pudieron tener, se encontró en el mismo lugar familiar; soltando lo que ella más quería agarrar.

Lo intenté, gritaba LoriAnn en silencio. *Lo intenté con todas mis fuerzas.*

Nada fue como ella había imaginado que sería, como había orado que fuera, como había esperado que sería. Y nada podía silenciar el clamor interminable de su corazón pidiendo un hijo. El ciclo de embarazos que terminaban inesperadamente en aborto tras aborto le había pasado factura. Sus emociones y su matrimonio habían sufrido, y mucho. Y ahora, la desesperanza le consumía.

CUANDO MUEREN LOS SUEÑOS

Levantarse y vestirse aquel día dio comienzo a uno de los ascensos más difíciles en la vida de LoriAnn, porque ese día la dejó doliéndose por el futuro que nunca tendría. Ese día la dejó sintiendo lo que todos podemos experimentar cuando mueren nuestras mayores esperanzas y nuestros sueños más grandes; cuando nuestra vida es interrumpida inesperadamente con una finalidad que no podríamos haber previsto ni controlado. Si nuestro sueño estaba envuelto en un bebé que teníamos un gran deseo de tener, en un matrimonio que terminó abruptamente, en un negocio que fracasó, en una amistad que terminó, en un ministerio que nunca se desarrolló, o en una oportunidad de trabajo que se malogró, en esos momentos de sacudida podemos sentirnos muy solos y abandonados, indefensos y cautivos de la desesperación. Sentimientos de desesperanza pueden dejarnos queriendo retirarnos y reescribir el resto de nuestra vida como una historia más pequeña y más segura que la historia que Dios planeó originalmente para nosotros, llena de aventura. Es muy fácil llegar a tener miedo de volver a esperar, especialmente en el área de nuestra mayor decepción.

Cuando conocí por primera vez a LoriAnn, nunca habría imaginado el sufrimiento que ella soportó. Yo era la anfitriona de un viaje de concientización de A21 en Tesalónica, Grecia, para un grupo de mujeres de su iglesia, y mientras almorzábamos una ensalada griega con extra de queso feta, conectamos. Ella es libanesa y siria, y siendo yo griega, bromeamos con que quizá era por nuestra sangre mediterránea. Fue divertido conocer a una mujer que podía hablar tan rápido como yo, que era tan apasionada, determinada y enfocada como yo, y que hacía gestos con sus manos tanto como yo.

Una tarde, en un restaurante griego muy pequeño, nuestra cena se convirtió en una conversación bien avanzada la noche acerca de todo, incluyendo toda la pérdida que ella había soportado y la desesperación que había sentido. Cuando terminó de relatar su historia, yo estaba allí sentada y totalmente asombrada.

Había mucho dolor en sus ojos mientras me hablaba de aceptar finalmente que el bebé que era lo que ella más quería en su vida nunca llegaría a sus brazos. Yo reconocí en ella la misma expresión de agonía que había visto antes en los ojos de muchas mujeres; mujeres que estaban desesperadas por tener un hijo, que lo intentaron por todos los medios posibles. No podía imaginar la desesperanza que LoriAnn había conocido, pasando por tal ciclo de sufrimiento y empleando más de una década intentando desesperadamente tener un embarazo hasta el final. Pero allí estaba ella, habiendo encontrado en cierto modo una manera de volver a confiar en Dios después de haber perdido toda su esperanza. Yo estaba cautivada por su fe, y quería saber más.

Después de la pérdida de su último embarazo, cuando entendió que no podría volver a intentarlo, pasó los cinco años siguientes batallando con varios problemas de salud graves e inesperados que requirieron numerosas cirugías seguidas de recuperaciones dolorosas. Y aun así, incluso en medio de sus retos de salud, se las arregló para avanzar hasta lo más alto de su corporación, ocupando finalmente una oficina en Manhattan. Cuando aparentemente estaba en lo más alto del mundo profesionalmente hablando, la industria que ella había manejado comenzó a desmoronarse bajo una investigación realizada por el fiscal general. Los efectos colaterales dañaron a grandes empresas en todo el mundo, y LoriAnn poco después se despedía dolorosamente de muchos colegas que, aunque no había sido culpa de ellos, habían perdido sus empleos.

Cuando parecía que ella no podía, y no debía, perder nada más, perdió a la única persona en la que había confiado más que en nadie. Lo que se había desgastado en su matrimonio, finalmente se rompió. Aunque ella y su esposo habían disfrutado al principio de una fuerte colaboración, todas las pérdidas a lo largo de los años dejaron profundas cicatrices en su relación. Incluso los mejores matrimonios pueden romperse cuando la descarga de golpes inesperados no deja espacio ni tiempo para recuperarse totalmente de cada pérdida, y cuando una de las partes decide alejarse de lo que ambos antes valoraban y no deja lugar para que Dios intervenga o ayude a la pareja a reconciliarse.

El mes en el que terminó su matrimonio se convirtió en el mes más devastador de la vida de LoriAnn. El día en que se hizo efectivo su divorcio, una de sus mejores amigas murió inesperadamente. Dos semanas después su papá, que era la roca de su vida, también falleció.

Si hubo alguna vez alguien que tuviera buenas razones para ceder a la desesperanza y darle la espalda a Dios, era LoriAnn. Su vida se había desarmado literalmente: debido a abortos naturales, problemas de salud, pérdidas profesionales, divorcio y muerte. Y sin embargo, allí estaba ella llena de fe, habiendo viajado hasta el otro lado del mundo porque quería participar en la obra del evangelio, en una obra que literalmente rescata a hombres, mujeres y niños explotados, y les da esperanza.

Por su historia, yo sabía que no había sido fácil atravesar los tiempos de oscuridad. Ella me contó que siempre había sido analítica, una planificadora, alguien que hace listas, y aun así ninguno de sus preparativos pudo detener ninguna de las tragedias que sucedieron una tras otra. En cierto punto, después de tanta pérdida, ella admitió que había sentido resentimiento hacia Dios. En su caminar cristiano había hecho todo lo correcto, había dicho todas las cosas correctas, y había participado en todas las actividades correctas, y sin embargo seguía sintiéndose distante de Dios.

Pero fue entonces cuando decidió apoyarse en Él en lugar de alejarse. Cuando se acercó a Él, Él se acercó a ella.[1] Quedé muy conmovida cuando ella me dijo: "Sabía que mi Dios era un Dios de esperanza y un Dios de destino. Sabía lo suficiente como para sentir que no podía permitir que la desesperanza fuera lo que me destruyera. No podía permitir que mi corazón se descontrolara. Tenía que proseguir y confiar en Él".

La descripción que hace LoriAnn de su viaje se hacía eco profundamente de lo que yo sabía que era cierto, que incluso las situaciones más desesperanzadoras no tienen que ser el fin de todo. El fin de un capítulo, sin importar cuán inesperado o trágico sea, no tiene que ser el fin de nuestra historia. Cuando lo único que sentimos es profunda desesperanza, por la fe podemos decidir creer que Jesús es el camino, la verdad y la vida, para nosotros y para nuestra familia.[2] Podemos creer que Jesús tiene el poder para recrear y redimir nuestra vida sin importar cuánto haya destruido el destructor. Por la fe, podemos apoyarnos en Jesús y arriesgarnos a esperar de nuevo, confiando en que Él nos tomará de la mano y nos levantará, que nuestra vida arruinada será sanada, que nuestro lamento será consolado.[3]

Sentada frente a mí, LoriAnn me pareció un ejemplo vivo de palabras que el profeta Zacarías había utilizado hace miles de años atrás cuando llamó a los israelitas "prisioneros de esperanza" (Zacarías 9:12). En lugar de vivir en desesperación durante el resto de su vida, viviendo pero sin vivir realmente, lo cual había sido muy fácil de hacer, ella lo había arriesgado todo para volver a esperar.

EL CAMINO HACIA ADELANTE

Durante setenta años, los hijos de Israel habían estado cautivos en Babilonia mientras el enemigo saqueaba su tierra natal. Cuando al final regresaron a casa, no encontraron otra cosa sino destrucción. Incluso Jerusalén y el templo tenían que ser reconstruidos. Pero en medio de su desesperación, Zacarías, cuyo nombre significa "el Señor ha recordado",[4] profetizó esperanza para su futuro:

> Alégrate mucho, hija de Sion; da voces de júbilo, hija de Jerusalén; he aquí tu rey vendrá a ti, justo y salvador, humilde, y cabalgando sobre un asno, sobre un pollino hijo de asna.
>
> Y de Efraín destruiré los carros, y los caballos de Jerusalén, y los arcos de guerra serán quebrados; y hablará paz a las naciones, y su señorío será de mar a mar, y desde el río hasta los fines de la tierra.
>
> Y tú también por la sangre de tu pacto serás salva; yo he sacado tus presos de la cisterna en que no hay agua.
>
> *Volveos a la fortaleza, oh prisioneros de esperanza; hoy también os anuncio que os restauraré el doble.*
>
> Zacarías 9:9-12, RVR1960, énfasis añadido

Los hijos de Israel habían soportado una pérdida tras otra, una dificultad tras otra, y lo único que podían ver en el paisaje de sus vidas era más de lo mismo, igual que LoriAnn había experimentado. Cada sueño, cada esperanza, cada futuro que habían planeado y construido ya no estaba, pero Dios no se había olvidado de ellos.

Dios sabía que el modo de que su pueblo saliera de su pozo de desesperación, el mismo lugar de temor y desesperanza en el cual todos nos encontramos algunas veces, era que se convirtieran en

117

prisioneros de esperanza. Él sabía que al regresar a su fortaleza, su Mesías prometido y rey, era la respuesta. Arriesgarse de nuevo a esperar en Dios, incluso aunque su confianza había sido sacudida, era el camino hacia adelante.

DECIDIR ENCERRARNOS

Esperanza es confianza inconmovible en Dios.[5] No niega la realidad de nuestro dolor, pero sí nos da una vida que está por encima de nuestro dolor. Nos da permiso para creer en un nuevo comienzo. Es la expectativa feliz y confiada del bien que eleva nuestro espíritu y nos reta a que creamos en un futuro diferente. Siempre mira a Dios con expectativa: "Y ahora, Señor, ¿qué esperanza me queda? ¡Mi esperanza he puesto en ti!" (Salmos 39:7).

Pero cuando perdemos la esperanza, cuando lo único que sentimos es el dolor de la pérdida y la decepción, puede ser muy difícil creer que Dios quiere ayudarnos, o que se interesa, porque tenemos más preguntas que respuestas; más dudas que fe. Y sin embargo, ese es el momento perfecto para convertirnos en prisioneros de esperanza.

Un prisionero de esperanza parece algo extraño para ser, ¿no es cierto? ¿Acaso los prisioneros no están encerrados en instituciones de alta seguridad y desprovistos de todas sus libertades? ¿Por qué querríamos ser caracterizados como prisioneros de alguna cosa, aunque sea de esperanza?

Porque ser un prisionero de esperanza en Dios es diferente. Los prisioneros de esperanza de Dios no son ingresados obligatoriamente para recibir castigo, sino invitados a una fortaleza para tener seguridad. Imagina un castillo que se mantiene firme incluso cuando los fundamentos de la vida son sacudidos. Un lugar creado justamente para nosotros, donde podemos encadenarnos a la promesa de que Dios está haciendo que todas las cosas obren para nuestro bien, incluso cuando todas las cosas se desmoronan. Desde la torre de esta fortaleza nosotros, prisioneros de esperanza, tenemos una perspectiva totalmente nueva. Podemos mirar más allá de nuestras circunstancias inesperadas hacia el futuro, confiando en que Dios tiene cosas buenas preparadas para nosotros.

Cuando aprendí por primera vez a pensar y vivir de esta manera, fue revolucionario para mí. Fui criada en una tradición religiosa que nunca me alentaba a esperar cosas buenas de Dios. De hecho, se consideraba presuntuoso incluso imaginar que Dios tuviera tiempo para mis peticiones, dado que Él tenía todo un mundo que dirigir. Me alegra mucho haber descubierto en su Palabra que Dios es bueno, Dios hace el bien, y Dios quiere hacer el bien para mí: todo el tiempo. Pero mantener mi corazón y mi mente pensando y creyendo de ese modo diariamente no es algo que sale de modo natural. En cambio, es siempre una decisión, una que tengo que tomar una y otra vez.

Esta es otra manera de pensar sobre esta decisión. Cuando llega lo inesperado, nos encontramos al borde de un estrecho precipicio con un abismo a cada uno de sus lados. Es entonces cuando tenemos una decisión que tomar. Podemos decidir caer en el abismo de la desesperación que hay a un lado, o en el abismo de la esperanza en el otro. Ambas parecen decisiones aterradoras, pero cuando decidimos caer en la esperanza, pronto nos encontramos entre los brazos de un Dios amoroso, un Dios que siempre nos agarra y siempre promete llevarnos del precipicio de la desesperación al espacio abierto de la vida nueva. Es ahí donde encontramos las nuevas oportunidades y experiencias que nos llevan más allá de nuestras decepciones y desilusiones. Es un lugar de libertad donde soltamos lo que antes queríamos a cambio de lo que nunca esperábamos: una nueva aventura. Pero no podemos llegar ahí por nosotros mismos. Solamente Dios puede agarrarnos y llevarnos a la nueva vida que nunca imaginamos, y llevarnos a lugares donde nunca pensamos ir.

Convertirnos en prisioneros de esperanza no significa que ya no batallemos con la desilusión o la desesperación. Cuando llega lo inesperado y nos da nuevas razones para perder la esperanza, sigue siendo tentador cavar un túnel para salir de la fortaleza, para escapar de la esperanza y perdernos entre la duda, el temor y la incredulidad. No puedo contar las veces en que casi perdí la esperanza en que veríamos a personas rescatadas en A21, y de que los traficantes serían detenidos, juzgados y sentenciados. Que Propel se identificaría con las mujeres. Que tenía otro libro en mí, o que llegaría a terminar este. Hubo varias veces en que me pregunté si tendría la habilidad para educar con sabiduría a mis hijas; o si sería libre del dolor de mi pasado. La lista es interminable.

En cada una de las empresas tuve que encadenarme una vez más al Dios de toda esperanza. Cuando lanzamos nuestras iniciativas ministeriales, personas que dijeron que se quedarían se marcharon. Personas que nos apoyaron en una etapa se alejaron en la siguiente. Hubo puertas que se cerraron. Gobiernos cambiaron sus políticas. Pero he aprendido a caminar por fe y no por vista; a cerrar mis ojos, proclamarme una prisionera de esperanza, y entrar en una fortaleza espiritual, atreverme a tener expectativa y mantener vivas mis esperanzas. He visto a Dios intervenir y llevarme a lugares mejores, presentarme oportunidades mejores, y guiarme a avances asombrosos.

Cuando somos tentados a escapar, pero en cambio decidimos correr hacia nuestra fortaleza, Jesús, Él promete llenar de esperanza nuestra vida: "Que el Dios de la esperanza los llene de toda alegría y paz a ustedes que creen en él, para que rebosen de esperanza por el poder del Espíritu Santo" (Romanos 15:13). Él promete ayudarnos a convertirnos en los prisioneros de esperanza que nos ha llamado a ser para que podamos ir más allá de la desesperación hacia un nuevo destino.

Pero antes, igual que hizo LoriAnn, tenemos que presentarnos voluntariamente en la puerta de la fortaleza y quedarnos ahí. Cuando dijo que sabía que Dios era un Dios de esperanza, y que tuvo que proseguir y confiar en Él, LoriAnn estaba tomando esa decisión. Estaba decidiendo esperar cuando no había razón lógica para esperar, y cuando todo lo que le rodeaba le gritaba que decidiera de otro modo. Los sentimientos de desesperanza de LoriAnn eran válidos y dolorosamente reales, pero por fe ella decidió convertirse en una prisionera de esperanza y, por extraño que parezca, fue ahí donde encontró su verdadera libertad. Fue ahí donde encontró espacios abiertos, y es ahí donde nosotros encontraremos los nuestros.

DAR VOZ A LA ESPERANZA

Presentarnos como prisioneros de esperanza comienza con una decisión, pero aprender a quedarnos dentro de la fortaleza de seguridad de Dios cada día de nuestra vida es un proceso. ¿Recuerdas cuando me enteré de que tenía cáncer y me metí en un "capullo de fe" manteniéndome diligente en la Palabra, escuchando continuamente música de adoración, y permitiendo solamente que voces llenas de fe hablaran a mi vida? Fue así como me mantuve dentro de la fortaleza del amor y el cuidado de Dios. Dentro de esas paredes, anclada en las promesas de Dios, pude mantenerme en fe y evitar que el temor a lo que el cáncer pudiera hacerme se apoderara de mi corazón.

Es así como nos convertimos en prisioneros de esperanza. Nos encerramos en la promesa de Dios de un futuro. Nos arriesgamos a confiar plenamente en Él y en su plan para nuestra vida, aunque nada haya resultado como pensábamos que sería.[6] Encontramos a otros prisioneros de esperanza que serán nuestros amigos y alentarán nuestra fe. Nos saturamos de adoración, declarando la verdad de quién es Dios cuando fijamos nuestros ojos en Él con expectativa. Creemos la verdad de la Palabra de Dios por encima de los hechos de nuestras circunstancias. Actuamos como un joven llamado David que hizo lo "imposible" cuando mató a un gigante llamado Goliat, con nada más que una honda y cinco piedras planas. ¿Recuerdas la historia?

Goliat se presentó a la pelea solamente con los hechos de las circunstancias:

> Le echó una mirada a David y, al darse cuenta de que era apenas un muchacho, trigueño y buen mozo, con desprecio le dijo:
>
> ¿Soy acaso un perro para que vengas a atacarme con palos?
>
> Y maldiciendo a David en nombre de sus dioses, añadió:
>
> ¡Ven acá, que les voy a echar tu carne a las aves del cielo y a las fieras del campo!
>
> 1 Samuel 17:42-44

Pero David se presentó con la verdad:

> Tú vienes contra mí con espada, lanza y jabalina, pero yo vengo a ti en el nombre del Señor Todopoderoso, el Dios de los ejércitos de Israel, a quien has desafiado. Hoy mismo el Señor te entregará en mis manos; y yo te mataré y te cortaré la cabeza. Hoy mismo echaré los cadáveres del ejército

filisteo a las aves del cielo y a las fieras del campo, y todo el mundo sabrá que hay un Dios en Israel.

1 Samuel 17:45-46

David derrotó al gigante porque creyó la Palabra del Señor antes que las burlas intimidatorias de Goliat. Él entendió lo que Dios quiere que entendamos nosotros: *los hechos pueden cambiar, pero la verdad nunca cambia.* Solamente la verdad tiene poder para ayudarnos a pasar de la desesperanza de lo que *es* a la esperanza de lo que *será.*

Cuando decidimos convertirnos en prisioneros de esperanza, no cambiamos la libertad por encierro; cambiamos una cárcel por otra. Cambiamos vivir en una prisión de nuestros propios pensamientos desesperanzados por una prisión construida sobre la verdad de la Palabra de Dios. Dentro de esa fortaleza fuerte, nos anclamos en la torre de la perspectiva de Dios sobre nuestro futuro. Siempre que me he sentido tentada a desesperar, a huir de mi prisión de esperanza, he leído y orado versículos que me fortalecieron y aquietaron los pensamientos de temor que daban vueltas en mi cabeza. Puede que nunca podamos llegar a silenciar por completo los pensamientos de desesperanza, pero podemos aquietarlos con la verdad. Podemos aquietarlos cuando leemos, creemos y oramos las palabras de Jesús. Podemos aquietarlos cuando escuchamos la voz de Dios en la Biblia más que las voces del pasado, las voces de las redes sociales, las voces de otras personas, o incluso las voces de nuestros propios pensamientos.

Mantenernos seguros dentro de los muros de la fortaleza de esperanza significa llevar cautivo todo pensamiento de desesperanza antes de que estos nos tomen cautivos:

Las armas con que luchamos no son del mundo, sino que tienen el poder divino para derribar fortalezas. Destruimos argumentos y toda altivez que se levanta contra el conocimiento de Dios, y llevamos cautivo todo pensamiento para que se someta a Cristo.

2 Corintios 10:4-5

Sé que llevar cautivo todo pensamiento requiere a menudo una lucha despiadada, y que a veces es una batalla minuto a minuto. Muchas veces he dicho que estoy a solo un pensamiento de ser sorprendida por todo aquello de lo que he sido liberada. Pero decido diariamente ser una prisionera de esperanza, y lo hago dando voz a la esperanza en lo que pienso y en lo que digo.

La voz de la esperanza no declara desesperación y ansiedad, aunque eso podría ser a veces lo único que sentimos. No suspira con resignación o declara la futilidad de una situación. No dice palabras de apatía o negatividad; no usa las redes sociales para escribir lo que está en nuestra mente cuando lo que quiera que sea no está de acuerdo con lo que está en la mente de Dios. Cuando le damos voz a la esperanza, disciplinamos nuestra mente para pensar lo que Dios piensa y decir lo que Dios dice, y nada más.

Jesús dijo: "No se preocupen". Pero veamos la conexión que Él establece entonces entre la preocupación o ansiedad y cómo usamos nuestras palabras. "Así que no se preocupen diciendo: "¿Qué comeremos?" o "¿Qué beberemos?" o "¿Con qué nos vestiremos?"... Más bien, busquen primeramente el reino de Dios" (Mateo 6:31-33).

No se preocupen diciendo...

Todos nos sentimos ansiosos o preocupados de vez en cuando, pero no tenemos que expresar toda la ansiedad que sentimos. No tenemos que magnificar nuestros pensamientos de preocupación con nuestras palabras. En cambio, podemos escoger pensamientos llenos de esperanza, de fe y de paz, y declararlos. Podemos aceptar el consejo del apóstol Pablo:

> Por lo demás, hermanos, todo lo que es verdadero, todo lo honesto, todo lo justo, todo lo puro, todo lo amable, todo lo que es de buen nombre; si hay virtud alguna, si algo digno de alabanza, en esto pensad.
>
> Filipenses 4:8, RVR1960

¿Y si usáramos la lista de Pablo como filtro para lo que escribimos en las redes sociales? ¿Como filtro para cada discusión familiar, para cada reunión de trabajo, para cada llamada telefónica con un amigo? ¿Puedes imaginar cómo cambiaría eso la atmósfera y redirigiría cada conversación hacia la esperanza? Muchas veces, cuando mis pensamientos querían declarar ansiedad o magnificar una decepción, he decidido en cambio declarar palabras de esperanza, fe y paz; y al final eso se convirtió en lo que yo sentía. Hice que mis pensamientos marcharan hacia la fortaleza de Dios para así poder seguir viviendo como prisionera de esperanza.

Igual que LoriAnn, he experimentado muchas cosas inesperadas en mi vida, cosas que nunca estuvieron en mis planes. Pero del mismo modo que el brillo y la esperanza de LoriAnn fueron un testimonio para mí, no hay modo de saber lo que la esperanza puede llevar a nuestros hogares, lugares de trabajo y comunidades, si decidimos ser personas de esperanza, que usan palabras de esperanza, en un mundo donde las personas la necesitan desesperadamente. Por eso LoriAnn había viajado a Grecia para saber sobre A21, porque conocía de primera mano el poder de la esperanza para resucitar una vida. Ella sabía que como el pueblo de Dios, nunca tenemos que perder la esperanza incluso en medio de las situaciones más desesperanzadas. Ella sabía que el mismo Espíritu que resucitó a

Jesús de la muerte vivía en ella y en cada creyente en la tierra, y que Él tiene el poder para resucitar nueva vida de entre las cenizas del sufrimiento y el dolor. El apóstol Pablo escribe: "Y, si el Espíritu de aquel que levantó a Jesús de entre los muertos vive en ustedes, el mismo que levantó a Cristo de entre los muertos también dará vida a sus cuerpos mortales por medio de su Espíritu, que vive en ustedes" (Romanos 8:11). Esa es una promesa de esperanza que no fallará.

LA ESPERANZA ES UN ACTO DE DESAFÍO

No sé dónde está batallando tu esperanza. Quizá tu esperanza está acosada porque...

- Un ser querido sea salvo
- Un hijo regrese a casa
- Un matrimonio sea restaurado
- Tu cuerpo sea sanado
- Tus finanzas sean restauradas
- Tu carrera profesional mejore
- Quieres tener una casa propia

Sea lo que sea, es momento de arriesgarnos de nuevo. Cualquier sueño que tuviéramos y que murió, cualquier promesa a la que renunciamos, la verdad de la Palabra de Dios dice que servimos a un Dios con poder de resurrección que es especialista en resucitar lo muerto.[7] La verdad que creemos dice que servimos a un Dios que redime nuestra vida del pozo, que nos da paz en lugar de conflicto, que nos da una corona de belleza en lugar de cenizas, que nos da el aceite de gozo en lugar de lamento, que nos da salud en lugar de enfermedad, libertad en lugar de cautividad, seguridad en lugar de duda, esperanza en lugar de desesperanza.[8]

Nuestro Dios es un Dios de transformación. Él nos transforma desde dentro hacia fuera, y hace todas las cosas nuevas en nuestras vidas, primero en nuestro espíritu cuando lo aceptamos a Él como nuestro Señor y Salvador, y después en nuestra alma cuando seguimos rindiendo áreas de nuestra vida a Él:

> Por lo tanto, si alguno está en Cristo, es una nueva creación. ¡Lo viejo ha pasado, ha llegado ya lo nuevo!... Al que no cometió pecado alguno, por nosotros Dios lo trató como pecador, para que en él recibiéramos la justicia de Dios.
>
> 2 Corintios 5:17, 21

Dios es un Dios de redención, restauración y nuevos comienzos. Él te ha hecho una nueva criatura, y esa novedad puede obrar de adentro hacia fuera para cambiar tu presente en un mañana mejor. Si no te gusta dónde estás en este momento, no tienes que conformarte o resignarte a ello. Puedes aferrarte a su promesa, pues la verdad triunfa sobre los hechos en tu vida: "el que comenzó tan buena obra en ustedes la irá perfeccionando hasta el día de Cristo Jesús" (Filipenses 1:6).

Cuando nos arriesgamos a volver a esperar, aprendemos a vivir en el presente, pero teniendo en mente el futuro. Cambiamos el enfoque de nuestra mirada hacia adelante. Nos convertimos en prisioneros de esperanza que se aferran a la esperanza, que hablan el lenguaje de la esperanza, que no descartan la esperanza, que están dispuestos a permitir que Dios nos sorprenda con un nuevo futuro. Cuando nos convertimos en prisioneros de esperanza cometemos un osado acto de desafío: nos atrevemos a tener expectativas. Nos atrevemos a creer que los deseos que Dios ha puesto en nuestro corazón se cumplirán, de algún modo y de alguna manera.[9]

¿Nos veremos como imaginamos al principio? Probablemente no.

¿Pasaremos por más desengaños? Es muy probable.

¿Morirá alguno de nuestros futuros sueños también antes de cobrar vida? Es bastante posible.

¿Por qué? Porque cada promesa es probada. Cada sueño es desafiado. Dios no siempre hace lo que nosotros queremos, cuando lo queremos o del modo en que lo queremos, pero Él siempre está dispuesto a hacer mucho más abundantemente y sobre todo lo que podríamos jamás pedir o pensar. Aquel que prometió es realmente fiel, sin importar lo que parezca en cualquier periodo de nuestra vida. Cuando nos convertimos en prisioneros que esperan, declaramos con desafío que no hay…

- Necesidad que Dios no pueda suplir
- Montaña que Dios no pueda mover
- Oración que Dios no pueda responder
- Enfermedad que Dios no pueda sanar
- Corazón que Dios no pueda vendar
- Puerta que Dios no pueda abrir

Cuando nos convertimos en prisioneros de esperanza, no desmayamos cuando los sueños…

- Toman más tiempo del que pensamos que tomarían
- Cuestan más de lo que pensamos que deberían costar
- Son más difíciles de cumplir que lo que pensamos que deberían

Cuando nos convertimos en prisioneros de esperanza, cambiamos nuestra perspectiva…

- Miramos lo que nos queda, y no lo que hemos perdido
- Creemos lo mejor, no nos ponemos en lo peor

- Seguimos adelante, no nos refrenamos

Es tiempo de convertirnos en prisioneros de esperanza, almas valientes que son desafiantes en esperanza, que se atreven a tener expectativas. Hemos de negarnos a dejar a un lado nuestra confianza en Dios, atreviéndonos a creer que Él recompensará nuestra fe.

DIOS RESTAURA DE MANERAS INESPERADAS

Cuando nos arriesgamos a convertirnos en prisioneros de esperanza, Dios puede cambiar, y lo hará, lo que necesite ser cambiado. Podemos ponernos bien. Podemos salir de la deuda. Podemos perdonar. Podemos ser sanados. Podemos sobreponernos a la tristeza y la pérdida, incluso la pérdida de un hijo. Perder un hijo en cualquier etapa de la vida es un dolor inimaginable y profundamente devastador, y ningún hijo puede ser sustituido nunca, jamás. Pero Dios puede llevarnos a un lugar donde ya no nos dolemos por nuestra pérdida cada momento de cada día. Si nos apoyamos en Él, si nos arriesgamos a volver a esperar y confiar en Él, Él puede llevarnos desde nuestro lugar de dolor hasta un lugar amplio y espacioso de propósito. Él puede dirigirnos hacia un destino que nosotros quizá nunca habríamos considerado. Eso es exactamente lo que Él hizo por LoriAnn.

Años después de sus abortos naturales, Dios llevó a LoriAnn a un lugar donde ella se convirtió en una madre para muchos. Primero se convirtió en madrastra de tres hijos, incluyendo a uno al que tuvo la bendición de cuidar desde que él era pequeño. Le invitaron a incorporarse a la junta directiva de una de las principales organizaciones de prevención del abuso infantil en Estados Unidos, y trabajó durante años en esa posición. Y también lidera juntamente conmigo y con Nick en la junta de A21. Dios ha hecho que su instinto maternal sea global, en el cual su trabajo beneficia a miles y miles de niños que no tienen ninguna madre que les cuide. Para ella, ese es el milagro que Dios hizo en su vida, la doble bendición que profetizó Zacarías: "Volveos a la fortaleza, oh prisioneros de esperanza; hoy también os anuncio que os restauraré el doble" (Zacarías 9:12, RVR1960).

"Dios sanó mi vientre", me dijo LoriAnn después de incorporarse a nuestra junta, "y me he convertido en una madre para naciones, algo que Él puso en mi corazón cuando era pequeña".

A veces, Dios nos da una revelación en lugar de una razón cuando responde nuestras oraciones de maneras inesperadas. LoriAnn quizá nunca entienda por qué no pudo tener sus propios hijos, pero el llamado de Dios en su vida a ser madre de niños sigue sucediendo, y también la satisfacción que ella anhelaba.

"Él me ha usado debido a mi historia", decía ella, "y no me ha descalificado debido a lo que he experimentado". Dios nunca ha terminado con nosotros, y ya sea que hayamos pasado por un divorcio, hayamos sufrido heridas y pérdidas inimaginables, abortos espontáneos en cualquier área de nuestra vida, Él nunca nos aparta a un lado si seguimos avanzando hacia adelante con Él. Si ponemos nuestra esperanza en Él.

"Pero tuve que aprender una difícil verdad", añadió LoriAnn. "Dios cumple lo que Él pone en nuestro corazón de maneras inesperadas. Yo tuve que aprender que hay diferentes maneras en que puedo ser madre. Puedo alimentar y ser mentora de jóvenes. Puedo influenciarlos y darles lugar en mi corazón. Puedo servir en juntas directivas que me permiten ser madre de los huérfanos, proteger, dar cobijo y defender a los indefensos. Es muy restaurador para mí pelear en nombre de mujeres y niños que no pueden pelear por sí mismos. ¿Acaso no es eso lo que hace una madre? ¿Una madre que quiere lo mejor para sus hijos?".

Sí, así es.

No hace mucho tiempo, LoriAnn regresó de un viaje a Tailandia con nuestro equipo de A21 donde vio de primera mano los horrores de cómo son explotados los niños allí. Me reuní con ella para almorzar y escuchar sobre su viaje, y llevé conmigo a mis hijas. Mientras nos poníamos al día, ella me dijo con ternura y sinceridad: "Gracias por compartir conmigo a tus hijas". Yo quedé conmovida. Catherine y Sophia son la alegría de mi vida, pero darme cuenta de que compartirlas podía producir a otra persona tal alegría me tocó profundamente. Permitirle a ella, y a otras mujeres en mi vida, ayudarme a ser madre de mis hijas, es un privilegio, especialmente con alguien que tiene tanto para dar, tanta esperanza que ofrecer.

Lo mismo que Dios hizo por LoriAnn, Él quiere cumplir los sueños que ha susurrado a nuestro corazón, sin importar cuánto tiempo tome. Quizá nosotros los hemos dejado a un lado, pero Él nunca ha olvidado ni siquiera uno de ellos. Debemos atrevernos a abrir nuestro corazón y nuestra mente, y permitir que Dios reavive nuestras esperanzas. Arriesguémonos a darle lugar a Él para cumplir sus planes y propósitos para nuestra vida de maneras inesperadas.

Capítulo 6

CUANDO LO INESPERADO DESALIENTA

Vivir incondicionalmente

Qué extraños los giros que da la vida. Nunca habría imaginado que terminaría donde estoy ahora, pero no lo cambiaría por nada del mundo. No cambiaría este camino en el que estoy por todo el sistema solar. Si he aprendido algo en estos últimos meses, es que a veces los caminos más panorámicos en la vida son los desvíos que no queríamos tomar.

—Angela Blount

"Dijiste que viviríamos aquí solamente dos años. ¡Dos años! ¡Y después fueron otros dos años! Y yo tuve paciencia. Entendí las razones, pero después fueron otros dos además de esos. ¡Eso supone ocho años, Sam! Ocho años de esperar para seguir adelante con nuestras vidas. Estoy cansada de que digas: 'Solo dos años más'. No puedo seguir viviendo así, sintiendo como si nuestras vidas fueran temporales. Ya tenemos tres hijos. Necesitamos estabilidad. Necesitamos raíces. ¡Ya basta!".

Kylie miró por la ventana recordando cada palabra dura que había lanzado a su esposo la noche antes. No para llorar, pero no podía suprimir el modo tan doloroso en que las palabras se grabaron en su corazón, probablemente como debieron haberse grabado en Sam.

Está muy cansado de oír mis quejas, pensó. *Vaya, yo estoy cansada de oír mis quejas, pero no podemos seguir viviendo así. Yo no puedo seguir viviendo así.*

Aunque Kylie había desahogado sobre su esposo sus frustraciones y su decepción, sabía en su corazón que él no era la verdadera causa de su aflicción. Se trataba de ella; había algo que Dios quería hacer en su interior. Todo este capítulo de su vida había sido muy inesperado, no lo que ella había soñado, no lo que pensó que serían el matrimonio y el ministerio, y ella no se había adaptado bien.

Señor, abandono. Muéstrame qué hacer. Ayúdame a cambiar. Ayúdame a confiar en ti.

Kylie nunca había tenido que adaptarse realmente a nuevos entornos; siempre había vivido una vida de hacer lo que se esperaba, vivir en un lugar que se esperaba, ir a la escuela como se esperaba, asistir a la iglesia como se esperaba. Incluso su círculo de amistades era esperado. Más de veinticinco años atrás, ella y yo habíamos sido amigas de la iglesia que llegaron a ser muy buenas amigas. Jugábamos juntas al squash, soñábamos sobre el futuro juntas, y no podíamos esperar a compartir a Jesús con todo aquel a quien encontrábamos. Pero contrariamente a mi vida, la de Kylie había sido muy predecible.

Donde yo tuve que sobreponerme a muchas cosas (ser abandonada, adoptada, abusada), ella se había criado en un buen hogar cristiano con mucha estabilidad. En realidad, nada en la vida le había sacudido internamente. Nada desafió la fortaleza de su corazón, hasta que se casó y se mudó lejos de todo lo que había conocido siempre.

Su familia.

Sus amigos.

Su seguridad

Su identidad.

Eso último era lo que más hacía daño. En lo profundo de su ser, sabía que ese era el verdadero problema. Ella amaba la fuerte sensación de identidad que había tenido en sus primeros años; le encantaba tener tantos amigos, sentir que vivía en un mundo donde conocía a todos y todos le conocían a ella; le encantaba sentirse acompañada y en control; le encantaba la gran ciudad donde vivía y todas las ventajas de la vida en la gran ciudad. Pero todo eso fue lo que dejó atrás cuando se casó y después se mudó a una ciudad pequeña hacía ocho años atrás.

Las cosas fueron difíciles desde el principio. Kylie acudió a mí ese primer año en que ella y Sam se casaron, y me dijo que quería dejar su matrimonio y dejar la iglesia. De hecho, quería dejar todo excepto su relación con Dios. Aún quería seguir aferrada a Él.

Cuando nos sentimos como Kylie, cuando creemos que Dios es nuestra roca, pero el terreno se mueve debajo de nuestros pies, es tentador buscar una vía de escape. Los tiempos de transición y cambio son casi siempre desafiantes, pero en especial lo son si es la primera vez que hemos experimentado una conmoción importante. Es entonces cuando nuestra confianza en Dios es probada severamente.

Yo no me alarmé ante la desesperación de Kylie, porque sabía cuánto amaba ella a Dios, y a su esposo. Entendí que estaba molesta porque sentía que no había ningún mapa de ruta para esa parte de su viaje, y ella nunca había conocido tales sentimientos de confusión e inseguridad. Mientras yo escuchaba lo que ella decía y también al Espíritu Santo, le alenté a quedarse donde Dios le había puesto. Le alenté a entregárselo todo a Dios y confiar en Él, y ella lo hizo. Yo sabía que había algo que Él quería hacer en *ella*, aunque ninguna de nosotras supiera exactamente lo que era en ese entonces.

Durante los ochos años siguientes, Kylie permaneció en un lugar donde sentía que no encajaba, un lugar que ella pensaba que era temporal. Mantuvo su corazón distanciado de las personas en la comunidad porque pensaba que no planeaban quedarse mucho tiempo allí. Dos años; Sam lo había prometido. Y cada dos años, se convertían en otros dos más. Cuando pasaron ocho años en el calendario, ella sucumbió a una avalancha de quebrantamiento. Aquello *no era* temporal, y sabía que algo tenía que cambiar. Por difícil que fuera admitirlo, estaba comenzando a entender que ese *algo* era su propio corazón.

Cada vez que nos enfrentamos a lo inesperado, tenemos la opción de aceptarlo incondicionalmente o desganadamente. Aceptarlo incondicionalmente nos mantiene avanzando en la vida; aceptarlo desganadamente evita que crezcamos. Esa es la verdad que Kylie estaba comenzando a entender.

"Mudarnos de una gran ciudad a una zona rural fue un gran ajuste", decía Kylie. "Yo siempre había sido ambiciosa. Me crié en una familia que trabajaba duro para lograr cosas, ya fueran estudios, una casa bonita, dinero extra para hacer viajes o comprar cosas bonitas. Eso era lo que yo conocía. Me había criado recompensándome a mí misma con un bolso nuevo, ropa nueva, o una hermosa cena fuera de casa. Cuando Sam aceptó un puesto en una pequeña iglesia en una ciudad pequeña, de repente me sentí totalmente fuera de lugar. No había opciones para ir de compras y salir a cenar. Y con nuestros ingresos, no había espacio en el presupuesto para nada extra.

"Me sentía extraña junto a las otras mujeres en nuestra comunidad, como si nuestros valores e intereses fueran totalmente diferentes. Sentía especialmente que tenía que ocultar mis ambiciones y metas profesionales. Incluso minimizaba mi interés en la nutrición y el *fitness* porque nadie a mi alrededor parecía compartir esos ideales. Sentía que tenía que ocultar esas facetas de mi vida porque estaba en un lugar donde no eran entendidas o aceptadas. Me sentía como una extraña."

Desde la perspectiva de Kylie, parecía que las mujeres en la comunidad donde ella se había mudado se sentían realizadas cuando se casaban y tenían hijos. Pero las aspiraciones de Kylie incluían una familia y una carrera profesional. Eso causaba que se sintiera desconectada de las otras mujeres que conocía.

"Para ser sincera, yo no intenté entender a las mujeres en la comunidad donde habíamos ido", admitió Kylie. "No tenía idea de cómo ajustarme a un lugar que parecía un desierto. Mi corazón sencillamente no estaba allí." Ciertamente, Kylie estaba desganada.

La desgana siempre tiene consecuencias espirituales. "Sentía que no había oído de parte de Dios en años", decía Kylie. "Y yo había sido la mujer joven en el grupo de jóvenes que siempre estaba encendida para Jesús, que siempre sentía que Dios me hablaba. Y ahora solamente había silencio, soledad y decepción. Aparecía en todas partes con una sonrisa en mi cara porque era una 'buena cristiana', pero tras ocho años, mi máscara se estaba desgastando. Recuerdo decirle a Sam aquella noche que desahogué mis frustraciones: '¡No puedo seguir viviendo en el desierto!'".

VIVIR INCONDICIONALMENTE

El corazón de Kylie había quedado partido en dos por la decepción, y fracturado por su poca disposición a aceptar lo inesperado incondicionalmente. La única manera de que ella sanara y siguiera adelante era "abrir" y fortalecer su corazón: aumentar la capacidad de su corazón para esperar y creer. Aunque ella realmente no sabía cómo hacer eso, sí sabía lo suficiente para dar el siguiente paso que Dios le mostró, algo que comenzó a moverla en la dirección de aceptar lo inesperado.

"Para ayudar a poder llegar a fin de mes, yo había estado trabajando a jornada completa, pero cuando tuvimos nuestro segundo hijo y después el tercero, necesitábamos más dinero", dijo Kylie. "Recordé un mensaje que había oído cuando era joven sobre hacer lo que puedes hacer con lo que está en tu mano. Estaba basado en Eclesiastés 9:10: 'Y todo lo que te venga a la mano, hazlo con todo empeño'.

"De modo que pregunté al Señor: '¿Qué hay en mi mano?'. Medité en esa pregunta durante varios días. *¿Qué hay en mi mano?* Me encantaba el *fitness* y entendí: *Eso es lo que hay en mi mano*. De modo que comencé mi propio negocio de entrenamiento en salud y aptitud física.

"No sé cómo lo hice todo en aquel entonces: servir en la iglesia, dirigir mi propio negocio, trabajar en mi empleo durante el día, y educar a tres hijos; pero estaba aprendiendo algo. Estaba aprendiendo quién era yo en Dios: mi verdadera identidad. Necesitaba saber quién era yo cuando no era impulsada por un título, prestigio, buenos amigos, ropa nueva o conexiones familiares, todas las cosas que antes definían mi vida.

"Estaba muy agradecida de que Sam oyera el clamor de mi corazón y estuviera de acuerdo en hacer cambios", dijo Kylie. "Habíamos vivido en una casa rentada, esperando siempre poder mudarnos pronto, pero eso solamente alimentaba mi sensación de no pertenecer. Por lo tanto, decidimos comprar una casa que estaba a menos de un kilómetro de distancia de la iglesia, lo cual significaba que podíamos llegar hasta allí fácilmente caminando. Puede que resulte extraño, pero ese tipo de proximidad marcó toda la diferencia, pues me permitía involucrarme más en la comunidad, y eso me ayudó a comenzar realmente a conocer a las personas. Finalmente estábamos asentando raíces. Nuestra casa también estaba al otro lado de la calle de un parque, lo cual significaba que los niños y yo íbamos allí con frecuencia y yo tenía la oportunidad de conocer a otras mamás. Ahora que estaba conectando con otros donde estaba, encontré una gracia inesperada que me estaba esperando en ese lugar inesperado. Pude experimentar contentamiento. Finalmente estaba aprendiendo a vivir y desarrollarme en mi desierto."

Los cambios en estilo de vida, cultura, ingresos y estabilidad fueron más que difíciles en aquellos ocho primeros años, principalmente porque Kylie pensaba que la situación sería temporal. Pensaba que solamente estaba de paso, de camino hacia otro lugar, y por eso vivía desganada en su lugar inesperado.

¿Cuántos de nosotros hemos pasado por algo como eso? Pensábamos que nos dirigíamos en una dirección, solamente para levantar la vista unos años después y encontrarnos inesperadamente en un lugar que creíamos que sería solo para poco tiempo. Un lugar que nunca contábamos con convertir en permanente.

Un empleo.

Una ciudad.

Un círculo de amigos.

No puedo evitar comparar esto con la situación en la que se encontraron los hijos de Israel después de que Dios los liberó de cuatrocientos años de esclavitud en Egipto. Ellos pensaban que se estaban embarcando en un viaje rápido hacia su nuevo hogar permanente llamado la Tierra Prometida. No tenían intención alguna de vivir en tiendas en el desierto durante los cuarenta años siguientes.[1]

Tiendas. Habían vivido en casas toda su vida. Albergados. Protegidos. Dentro de aquellas paredes fuertes habían practicado su fe, habían criado a sus familias, celebrado cumpleaños y matrimonios, y se habían consolado unos a otros en momentos de tristeza. Pero Dios los llevó a cuatro décadas de vagar por el desierto, un periodo temporal, con un propósito.

La primera prioridad de Dios para nosotros es siempre la transformación: un cambio de adentro hacia fuera. Casi siempre nos transforma a *nosotros* antes de transformar nuestras *circunstancias*. Cuando Él sacó de Egipto a los hijos de Israel, sabía que tenía que sacar de ellos "Egipto" (su vieja identidad y mentalidad de esclavos) antes de que pudieran entrar verdaderamente en la Tierra Prometida. Tenía que transformarlos en conquistadores que pudieran entrar y poseer lo que Él había prometido. Y eso tomó cuarenta años.[2]

Cuando Dios sacó a Kylie de la gran ciudad, y lejos de todo lo que ella había conocido, conocía su destino. Él conocía su futuro; conocía su propósito y todo su potencial; y conocía la transformación que ella tenía que experimentar a fin de ser quien necesitaba ser en el lugar que Él estaba preparando para ella. Dios siempre nos prepara para el lugar que ha preparado para nosotros. Él quería que Kylie aprendiera cómo fortalecer su corazón. Quería que aprendiera a pasar de estar desganada a ser incondicional, un proceso que toma tiempo y con frecuencia se desarrolla en un desierto. Y quería que ella aprendiera a aplicar al resto de su vida lo que aprendió.

Todos tenemos periodos de desierto en nuestra vida, momentos en que todo lo que sentimos familiar, estable y consolador se aleja. Pero por eso exactamente el desierto es un lugar de transformación. Con nada que nos distraiga de nosotros mismos, y con nadie sino Dios en quien confiar, las condiciones están preparadas para el crecimiento y el cambio. Si aceptamos el desierto incondicionalmente, se convierte en un lugar en el cual somos liberados de nuestra esclavitud al temor, la inseguridad y la decepción. Un lugar donde pasamos de estar ensimismados a pensar en otros. Un lugar donde dejamos de intentar ser autosuficientes y aprendemos a ser interdependientes unos de otros y totalmente dependientes de Dios. Es donde aprendemos a vivir incondicionalmente, a aceptar totalmente la aventura que llega con lo inesperado. La palabra incondicional significa literalmente "consagrado, dedicado, entregado por completo, empapado".[3] Esa es la mentalidad llena de fe que Dios quiere desarrollar en nosotros, y utiliza todo evento inesperado en nuestra vida para hacerlo, para sanar nuestro corazón dividido y ayudarnos a crecer.

Para los hijos de Israel, aquellos cuarenta años en el desierto fueron una demora inesperada, pero también fueron la invitación de Dios al crecimiento y la transformación. Desgraciadamente, fue una invitación que no todas las personas estuvieron dispuestas a aceptar. De hecho, prácticamente todos ellos se resistieron activamente a los esfuerzos de Dios por madurarlos, desarrollarlos, fortalecerlos, transformarlos, y prepararlos precisamente para lo que ellos más deseaban: la Tierra Prometida.

SEGUIR ADELANTE

Del millón de hombres aproximadamente que Moisés sacó de Egipto y cruzó el desierto, Caleb y Josué fueron los dos únicos que realmente cruzaron el río Jordán y entraron en la Tierra Prometida.[4]

Solo dos. De un millón.

Josué y Caleb se aferraron a las promesas de Dios durante cuatro décadas en el desierto, y al fin estaban a punto de entrar en la tierra que fluía leche y miel.[5] Habían vivido en tiendas en el desierto por cuarenta largos años, pero nunca olvidaron todo lo que Dios había hecho por ellos y en ellos a lo largo del viaje:

- Dios había dividido el mar Rojo para que pudieran escapar del ejército egipcio, y después las aguas cubrieron y ahogaron a sus perseguidores.
- Dios los alimentó con maná, pan del cielo.
- Dios proporcionó codornices cuando ellos quisieron carne, y salió agua de una roca cuando tuvieron sed.
- Dios viajó con ellos, protegiéndolos con una nube durante el día y guiándolos con una columna de fuego en la noche.[6]

Los dos hombres se habían mantenido fieles y llenos de fe, pero Dios dijo que Caleb en particular tenía un espíritu diferente. Cuando llegaron por primera vez a las fronteras de la Tierra Prometida, Caleb tenía cuarenta años. Y cuando regresó con el grupo que Moisés había enviado a espiar la tierra, él dio un reporte *incondicional*: "Subamos a conquistar esa tierra. *Estoy seguro de que podremos hacerlo*" (Números 13:30, énfasis añadido). Él sabía que eran capaces de tomar la tierra porque Dios ya se la había entregado. Su confianza estaba en el poder y la fuerza de Dios, y no en el suyo propio.

Sin embargo, todos los demás que regresaron de la misión de espionaje eran negativos y temerosos. Describieron a los habitantes que vieron allí como gigantes, y dijeron: "Comparados con ellos, parecíamos langostas, y así nos veían ellos a nosotros" (Números 13:33). Caleb vio a los mismos habitantes, pero sacó una conclusión muy distinta: "Estoy seguro de que podremos hacerlo". Fue entonces cuando Dios hizo una promesa: "En cambio, a mi siervo Caleb, *que ha mostrado una actitud diferente y me ha sido fiel*, le daré posesión de la tierra que exploró, y su descendencia la heredará" (Números 14:24, énfasis añadido).

Dios recompensó a Caleb, y Caleb nunca soltó lo que Dios prometió. A los ochenta y cinco años de edad él estaba igual de decidido a no conformarse con nada menos de lo que Dios había prometido. Los otros cedieron al temor y se quedaron cortos; Caleb perseveró en un compromiso incondicional y siguió adelante. Se negó a abandonar hasta que llegó de *aquí* a *allá*. Escuchemos cuando proclama su triunfo:

> Yo tenía cuarenta años cuando Moisés, siervo del Señor, me envió desde Cades Barnea para explorar el país, y con toda franqueza le informé de lo que vi. Mis compañeros de viaje, por el contrario, desanimaron a la gente y le infundieron temor. Pero yo *me mantuve fiel* [incondicional] al Señor mi Dios. Ese mismo día Moisés me hizo este juramento: "*La tierra que toquen tus pies será herencia tuya y de tus descendientes para siempre, porque fuiste fiel al Señor mi Dios*".
>
> »*Ya han pasado cuarenta y cinco años* desde que el Señor hizo la promesa por medio de Moisés, mientras Israel peregrinaba por el desierto; aquí estoy este día con mis ochenta y cinco años: *¡el Señor me ha mantenido con vida! Y todavía mantengo la misma fortaleza que tenía el día en que Moisés*

me envió. Para la batalla tengo las mismas energías que tenía entonces. Dame, pues, la región montañosa que el Señor me prometió en esa ocasión. Desde ese día, tú bien sabes que los anaquitas habitan allí, y que sus ciudades son enormes y fortificadas. Sin embargo, con la ayuda del Señor los expulsaré de ese territorio, tal como él ha prometido».

Entonces Josué bendijo a Caleb y le dio por herencia el territorio de Hebrón. A partir de ese día Hebrón ha pertenecido al quenizita Caleb hijo de Jefone, porque *fue fiel* al Señor, Dios de Israel.

Josué 14:7-14, énfasis añadido

Dios había prometido a Caleb la tierra de Hebrón, y él no iba a ceder, perder el ánimo o abandonar hasta que la obtuviera, sin importar cuán grandes fueran los reveses o cuánto tiempo duraran. Él sobrevivió a cuarenta años de desierto. Cuarenta años de quejas del pueblo. Cuarenta años. Y se suponía que sería un viaje de once días desde la esclavitud a la libertad.

Este es otro punto a considerar. Él sobrevivió a cuarenta años de dar vueltas al monte Sinaí con las personas más negativas, y no solo negativas en perspectiva. Eran unos tres millones de personas, y estoy segura de que todos tenían los mismos problemas que encontraríamos actualmente en una ciudad de tres millones de personas. Eran familias, comunidades, llenas de las mismas historias trágicas que encontramos en nuestro barrio. El tipo de historias que pueden hacer que las personas envejezcan de corazón mucho antes de ser viejos de cuerpo.

Un hijo con problemas.

Un cónyuge infiel.

Un embarazo inesperado.

Una amistad rota.

Una pérdida financiera.

Un desengaño.

Una traición.

Un sufrimiento.

Una enfermedad.

Una muerte.

Cuando nos encontramos vagando en el desierto, esos son los tipos de sufrimientos que tienen el potencial de hacernos desfallecer. Es entonces cuando nos volvemos amargados, cínicos, desilusionados. La vida no sucedió como esperábamos y ahora un corazón abatido define nuestro destino. Dejamos ir la visión que antes alimentaba nuestra pasión. Permitimos que el propósito quede fuera de nuestro alcance. Y envejecemos en aspectos en los que nunca habíamos de envejecer.

Viejos en nuestros pensamientos.

Viejos en lo que decimos y cómo lo decimos.

Viejos en nuestros patrones de conducta.

Esto puede sucederle tan fácilmente a una persona de veinte años como a una de la tercera edad. Cuando abandonamos las promesas de Dios y cedemos a la desilusión, el cinismo, la amargura y la queja, podemos desalentarnos a cualquier edad.

Kylie se desalentó al principio, pero sabía que no podía quedarse en ese lugar de desesperanza. Se vio tentada a no seguir con su matrimonio ese primer año, pero no lo hizo. Estaba desilusionada, pero siguió clamando a Dios incluso cuando no podía oír su voz como respuesta. Pudo haber envejecido de corazón, pero siguió *adelante*. Como todos nosotros, ella quería ser librada de sus dificultades emocionales, pero Dios quería que creciera *por medio de* ellas. Por lo tanto, ella fortaleció su corazón; hizo lo que estaba en su mano; prosiguió hacia vivir incondicionalmente.

Igual que Caleb.

Caleb se mantuvo en la misión, independientemente de todos los reveses. Se mantuvo flexible, robusto, apasionado y entusiasta; y en última instancia fue su corazón incondicional lo que le llevó a la Tierra Prometida. Incluso después de cuarenta años de decepciones y de vivir entre tres millones de personas amargadas que se quejaban, él sabía que el secreto estaba en mantener sano su corazón, y *atravesar*.

Atravesar el dolor.

Atravesar las luchas.

Atravesar la duda.

Atravesar el temor.

Atravesar la pérdida.

Atravesar la traición.

Atravesar el perdón.

Atravesar la confusión.

Atravesar la inseguridad.

Atravesar la decepción.

Atravesar la desilusión.

Atravesar las emociones.

Atravesar el redescubrir el asombro: una y otra vez.

Caleb puede que fuera el más dotado o no, el más elocuente o el más inteligente entre sus iguales. Pero sin duda era el más incondicional. Me encanta su valiente declaración: "Y todavía mantengo la misma fortaleza que tenía el día en que Moisés me envió. *Para la batalla tengo las mismas energías que tenía entonces*" (Josué 14:11, énfasis añadido).

¡Qué confianza! Caleb tenía ochenta y cinco años y tenía "las mismas energías". Mantuvo su celo y su gozo; se aferró a la promesa: "¡el Señor*me ha mantenido con vida!*" (Josué 14:10). Y no solo estaba vivo, sino que estaba también entregado. Si él estuviera vivo en la actualidad enfrentando el mismo tipo de retos que nosotros, puedo imaginarlo diciendo algo parecido a lo siguiente:

> *¡Aún estoy aquí! Solo lo digo... Intentaron sacarme, pero sigo vivo. A lo largo del camino he perdido a muchas personas que quería; he visto morir muchos sueños; he visto muchos desastres relacionales; he sentido muchas decepciones; he batallado para llegar a fin de mes más de una vez; he atravesado muchos retos de salud; me he sentido solo y a veces despreciado. No obtuve las oportunidades que esperaba.*
>
> *Pero... Aún estoy aquí. Y mi corazón está rendido y lleno de fe.*
>
> *Satanás, en tu mejor día no pudiste sacarme en mi peor día. Sigo estando aquí, aferrándome al Dios que cumple las promesas. Sigo confiando. Sigo lleno de esperanza.*

A veces creo que Dios usa a las personas que simplemente aguantan más que el diablo. Como Caleb, son incondicionales y están llenos de esperanza desafiante. Quieren ser usadas por Dios y marcar una diferencia. Se mantienen en la Palabra, y la Palabra los mantiene vivos. Se mantienen llenos de propósito, década tras década. No renuncian a poseer su Tierra Prometida: jamás. Tienen un espíritu diferente, un espíritu de vida plena.

Con frecuencia digo que la razón por la cual Dios me usa como lo hace en la actualidad es simplemente porque sigo estando aquí; porque he permitido que Dios me sane y continúe sanándome. Cuando llegas a tener mi edad, parece que muchos han abandonado la carrera y Dios tiene menos opciones entre las que escoger. Pero puedo decirte por experiencia personal que si te mantienes en la carrera, si mantienes íntegro tu corazón, Dios puede usarte, y lo hará. Él obtendrá la gloria por medio de quien esté dispuesto, disponible, y sea tenazmente incondicional.

EL DESIERTO TRANSFORMA

Dondequiera que estés en tu viaje, Dios sigue teniendo más tareas para ti. "Porque yo sé muy bien los planes que tengo para ustedes —afirma el Señor—, planes de bienestar y no de calamidad, a fin de darles un futuro y una esperanza" (Jeremías 29:11).

Este versículo no es solamente para las tarjetas de graduación de la secundaria.

"Yo sé muy bien los *planes*". Dios tiene muchos planes. Planes para un futuro y una esperanza. Para cada día de tu vida. Hasta el último aliento que des.

Tu vida no ha terminado, si estás dispuesto a estar "entregado".

Cuando acudes a Cristo, te conviertes en cristiano, y la vida de un cristiano ha de ser una expansión continua y para toda la vida, no una contracción del corazón. Nuestros corazones están hechos para ser más grandes y más fuertes, pero si no manejamos bien nuestras decepciones, nuestros corazones comienzan a encogerse. Entonces no pasa mucho tiempo hasta que comenzamos a ser temerosos, a perder de vista nuestras tareas y nuestro destino, a sentirnos cansados de la vida y de la fe.

No podemos controlar lo que nos envía la vida, pero podemos controlar cómo respondemos. Después de todo, el único modo de seguir es... *atravesar.*

Si Caleb hubiera sabido que un viaje de once días iba a convertirse en cuarenta años de rodear el mismo monte, quizá no habría participado. Pero cuando comenzaron las interrupciones inesperadas, él se adaptó. A pesar de los desvíos, se aferró a las promesas, y mantuvo su corazón creciendo y sano. Se entregó totalmente.

Kylie también lo hizo, cuando aprendió lo que solamente podía aprender mediante su experiencia de desierto.

"La lección más importante que aprendí fue a valorar a las personas", decía ella. "Aprendí a amar verdaderamente a las personas que estaban allí, a apreciar lo que les hacía felices y a admirarlas. Ellos trabajaban duro para proveer para sus familias, y se agradaban de muchas cosas que yo había pasado por alto en mi vida. Mi tiempo allí no se trataba de quién era yo o lo que podía ofrecer; se trataba de aprender a amar y aceptar a las personas tal como son, tal como Cristo nos ama y nos acepta.

"Entonces, cuando habíamos estado allí doce años y las cosas eran estables y buenas, me encontré con otra cosa inesperada. Estaba embarazada de treinta y seis semanas de nuestro cuarto hijo cuando Sam me dijo que creía que el Señor quería que dimitiera y buscara empleo otra vez en la ciudad de donde proveníamos.

"Inmediatamente dije: '¡No!'. No vas a dimitir, y yo tampoco puedo dejar mi empleo. Estoy embarazada. ¿Quién va a contratarme cuando estoy tan cerca de tener un hijo?'. Era difícil creer que *yo* era la que decía todo eso, pero estaba verdaderamente feliz donde estábamos. Dios me había cambiado. Ahora que me sentía otra vez cómoda y establecida, la idea de irnos daba demasiado miedo. *Yo*. ¡De todas las personas! ¡La mujer que batalló por ocho largos años para escapar de mi desierto y de todo lo que Dios quería hacer en mí!". Kylie se reía. "Ahora no quería irme, ¡incluso si la Tierra Prometida fuera la siguiente parada!

"Estaba muy estresada, pero Sam siguió lo que Dios le llamaba a hacer, y eso abrió puertas para un futuro que yo no podía haber imaginado.

"Nos mudamos de nuevo a la ciudad y Sam aceptó un empleo en una iglesia grande. Yo estaba emocionada por estar otra vez con mi familia y mis viejos amigos, pero había regresado siendo una persona distinta. El desierto te cambia, para mejor, si permites que Dios haga la obra en ti."

Kylie aprendió cómo vivir incondicionalmente en un lugar inesperado.

"Nunca habría estado preparada para el paso siguiente en mi viaje si no nos hubiéramos mudado todo esos años antes. Fue durante ese periodo cuando no podía ver dónde conducía mi desierto y cómo dar pasos adelante incluso cuando no podía oír su voz, cuando aprendí a encontrar a Dios.

"Recordé principios bíblicos que me habían enseñado cuando era pequeña, y decidí hacer lo que decían. Oraba, leía mi Biblia, escribía en mi diario. Le entregué a Dios lo que estaba en mi mano, y Él me ayudó a desarrollar un estupendo negocio de desarrollo de salud y aptitud física. Confié en Él incluso cuando no tenía ninguna seguridad emocional de que Él estaba ahí. Aprendí a practicar verdaderamente la *fe*, que la Biblia define como 'certeza de lo que se espera y seguridad de lo que no se ve'.[7] Aprendí a caminar por fe y no por vista durante esos años. Tuve que permitir a Dios obrar en mi corazón antes de poder vivir en paz y desarrollarme realmente".

Lo que Kylie y yo hemos aprendido con los años es cómo mantener la paz, especialmente en las cosas que no podemos controlar. Yo estoy decidida a mantener mi paz a toda costa, porque si el enemigo puede robarme la paz, puede conseguir mi corazón. He aprendido que solamente porque todo en mi vida sea una locura no significa que yo tenga que volverme loca. No puedo contar las veces en que me dije a mí misma: *Christine, solo porque todos los demás estén sufriendo un colapso no significa que tú también tengas que hacerlo. Tienes mi permiso para no ponerte como loca.* ¿Recuerdas que dije que Dios nunca duerme ni se adormece, de modo que no tiene caso que ambos nos quedemos despiertos toda la noche? Por lo tanto, debemos echar sobre Él nuestras preocupaciones y ansiedades e irnos a la cama.[8] La preocupación y el estrés nos echarán años encima. La paz que sobrepasa todo entendimiento nos mantendrá incondicionales.

Lo inesperado nunca dejará de producirse, de modo que seamos lo bastante disciplinados en el desierto para fortalecer nuestro corazón, y vivir incondicionalmente sin importar lo que suceda a nuestro alrededor: *Señor, incluso si no puedo verte, confío en ti. Incluso si no puedo oírte, confío en ti.*

La Tierra Prometida de Kylie, el lugar que Dios había estado preparando para ella y a ella para ese lugar, era mucho más de lo que ella habría experimentado si nunca se hubiera mudado a una ciudad pequeña donde aprendió a valorar verdaderamente a las personas.

Dieciocho años después de que ella y Sam se casaron y se alejaron por primera vez de todo lo que ella había conocido, Kylie se unió al equipo pastoral de la iglesia en la que se había criado. Y durante la siguiente década sirvió fielmente, amando a las personas del modo en que Dios había transformado su corazón para que lo hiciera.

"Cuando tenía veintitantos años, solamente soñaba", decía Kylie. "Había soñado con todo lo que iba a hacer por el reino. Y cuando me casé, dejé morir esos sueños; los solté. Pero finalmente permití que Dios tratara conmigo, y así Él pudo resucitarlos. Ahora llevo una década viviendo esos sueños, y los sigo viviendo. Puedo enseñar. Puedo discipular. Puedo crear. Puedo conectar a mujeres unas con otras. Puedo motivarlas. Puedo hacer lo que está en mi mano hacer, pero tengo que mantener mi mano abierta al Señor. Ahora le digo a Dios: *En cualquier cosa que tengas a continuación, estoy en ello; totalmente entregada.* Finalmente llegué a ese lugar de confianza genuina.

"De vez en cuando, Sam y yo conducimos hasta el campo y visitamos nuestra vieja ciudad", decía Kylie. "Cuando pasamos por la iglesia y por nuestra antigua casa, siento una punzada de nostalgia en mi corazón. Puedo ver la mano de Dios sobre aquellos doce años, y estoy muy agradecida por el proceso que atravesé. Trabajé duro en aquel periodo de mi vida criando a nuestros hijos, teniendo un matrimonio fuerte, desarrollando mi negocio, y permitiendo a Dios transformarme para que mi interior estuviera tan sano y en forma como mi exterior. Trabajé duro en lo que estaba en mis manos, y permití que Dios me llevara de estar quebrantada y desganada a estar en ello incondicionalmente."

El viaje de Kylie nos muestra que en cada periodo de cambio hay una oportunidad para ajustarnos a lo inesperado. Hay una oportunidad de soltar más de nuestro control y aceptar más de Dios; de confiar en Él más de lo que lo hemos hecho nunca. Es fácil quedar atrapados en hacia dónde vamos, creyendo en la trayectoria que quizá hemos planeado para nuestra vida. Pero es muy importante confiar en Él, incluso cuando sinceramente no queremos hacerlo. Eso fortalece nuestro corazón y nos mantiene en un lugar donde vivimos incondicionalmente; nos mantiene en un lugar de vivir expectantes dentro de lo inesperado, de anticipar todo lo bueno que Dios tiene para nosotros en cada experiencia, de estar dispuestos a arriesgarnos a algo nuevo, de vivir con una perspectiva llena de fe, confiando plenamente en Dios a pesar de todo.

Capítulo 7

CUANDO LO INESPERADO REQUIERE RIESGO

Estirarse más allá

Es extraño cómo condiciones nuevas e inesperadas producen una habilidad no conocida para encararlas.

—Edgar Rice Burroughs

"Quiero marcar una diferencia".

Era un clamor de corazón familiar que yo había leído muchas veces antes en cientos de solicitudes de voluntariado de jóvenes que querían servir en A21, normalmente solteros de edad universitaria que querían ayudar con apoyo operativo, artes gráficas, fotografía, video, redes sociales o tecnología. Pero nunca había leído esas palabras en una solicitud de una *abuela*.

No pude evitar sentir intriga, y no pude dejar de leer su historia.

"Sé que Dios tiene trabajo que quiere que yo haga", escribía. "Cada vez que abro mi Biblia, Él me muestra en un versículo tras otro que hay algo más. Quiero que mi vida cuente".

Su nombre era Laura, y vivía en el sur de California. Había estado casada por más de treinta años, había criado a dos hijas y un hijo, y había dado la bienvenida a su mundo a tres nietos. Estoy segura de que su vida ya había contado en muchos aspectos importantes, pero ella quería hacer más.

"Sé que todos esperan que comience a vivir a un ritmo más lento ahora que mi esposo y yo no tenemos hijos bajo nuestro techo. Se supone que saldré a almorzar con amigas y llenaré mis días estando con mis nietos, pero todo en mi interior dice: *No, eso no es lo que Dios tiene para mí.* Me siento muy vulnerable pensando de este modo, pero sé que Dios quiere que dé un paso hacia algo que no he conocido nunca".

¿Alguien con más de cincuenta años con una visión de *seguir* marcando una diferencia? ¿Alguien que ha criado una familia, ha llevado una vida exitosa, y aún piensa que hay más que hacer para que su vida cuente? Eso me habló.

Mientras seguía leyendo el montón de solicitudes de voluntariado, me impresionaron todas ellas, enviadas desde todo el mundo, pero no podía evitar regresar a la de Laura. Quería volver a leer su historia.

"Hace cuatro años atrás, a mi hija pequeña le diagnosticaron una enfermedad autoinmune que la dejó prácticamente postrada en cama durante un año. Entonces mi hija mayor sufrió dos abortos naturales, y supimos que también tenía la misma enfermedad autoinmune. Al buscar soluciones, descubrí que yo también había sufrido esa misma enfermedad toda mi vida, solo que de forma más leve. Durante toda mi vida adulta había lidiado con brotes de fatiga, confusión mental, y días en que sentía que cada paso era totalmente cuesta arriba. Juntas, seguimos las instrucciones de nuestro médico, investigamos soluciones naturales, y cambiamos por completo nuestro estilo de vida y nuestra dieta. Actualmente, las tres estamos sanas. Siento que Dios me ha dado un nuevo periodo de vida, y quiero servir a Él con este regalo de la salud que Él me ha dado. Nunca me he sentido mejor en toda mi vida."

Yo ciertamente entendía lo que era enfrentar un diagnóstico inesperado y después tener un sentido renovado de propósito.

"He hecho inventario de mi vida y quiero que Dios me use de modo distinto a como lo ha hecho antes."

Tanta tenacidad y pasión. Tanta intencionalidad.

Mientras seguía leyendo, supe que Laura había sido voluntaria en varias posiciones en las primeras décadas de su vida: recaudando fondos para la escuela cristiana de sus hijos, dirigiendo estudios bíblicos, y apoyando campañas en su comunidad. Era obvio que había servido al Señor fielmente por mucho tiempo.

"Tengo una sensación de responsabilidad de salir de mi zona de comodidad. Sé que hay más que Dios me ha llamado a hacer."

Yo siempre he orado por nuestro equipo, para que Dios nos envíe exactamente a quien necesitamos y a quien nos necesite, y Él siempre nos ha enviado personas verdaderamente dotadas. Personas que querían hacer *más*. Personas decididas a cumplir su propósito y potencial. Personas dispuestas a dar de su tiempo y sus talentos para ayudar a extender el reino de Dios. Personas como Laura.

"Supe sobre A21 cuando asistí a un evento Propel", escribió. "Cuando Christine describió su trabajo para ayudar a abolir la esclavitud en todo el planeta, mi corazón comenzó a acelerarse, y supe que Dios me estaba mostrando algo sobre mi futuro. Creo que debo continuar sirviendo a Dios como voluntaria para A21".

¡*Sí!* Laura entendió la obligación que creo que todos debemos aceptar: seguir viviendo nuestra vida con una misión y siguiendo a Jesús con todas nuestras fuerzas sin importar cuál sea nuestra edad. Cumplir todo aquello para lo cual Dios nos ha creado y todo lo que Él nos ha llamado a hacer aquí en la tierra, y llevarnos con nosotros al cielo a todas las personas que podamos. Ella tenía mi atención y mi corazón, y yo quería que estuviera en nuestra oficina con la mayor rapidez posible.

Tampoco podía esperar a descubrir cómo cambiarían las dinámicas de una oficina llena de decenas de mileniales apasionados ¡cuando una abuela se uniera al equipo!

NUESTRA VOLUNTARIA DE EDAD DORADA

Decir que Laura se sentía intimidada su primer día, su primera semana o su primer mes es quedarnos cortos. Ella sabía hacer llamadas telefónicas, introducir datos y organizar archivos, pero no cómo dirigir el mundo con algunas apps (aplicaciones) como hacían los otros voluntarios.

Se sentía mal equipada, pero seguía creyendo que podía marcar una diferencia.

Se sentía inadecuada, pero aún estaba dispuesta a correr un riesgo.

Se sentía incómoda, pero aún estaba dispuesta a ser dirigida por personas con la mitad de su edad.

Tenía miedo de quedar en verguenza, pero aun así dio un paso de fe. La fe le dio la valentía para ser incomodada e interrumpida. Para arriesgarse a la humillación. Para arriesgarse al rechazo. Para sencillamente estar ahí.

Laura sabía que Dios tenía trabajo para ella, de modo que acudía cada día para hacer su trabajo; y el equipo la amaba. Le enseñaron a manejar su tecnología, y ella les enseñó a pausar su tecnología y conectar: unos con otros y con Dios. El equipo necesitaba su sabiduría, y ella necesitaba el celo juvenil de ellos y su entusiasmo por la vida.

A medida que Laura trabajaba y aprendía, descubrió que tenía más capacidad de la que creía. Estaba asombrada por la rapidez con que podía cambiar de marcha, y habilidades que ella antes consideraba fuera de su alcance se convirtieron rápidamente en parte de su rutina. Todo porque ella corrió un riesgo inesperado.

Dios le mostró a Laura lo que Él quiere que todos nosotros sepamos a cualquier edad y en cada periodo y etapa de la vida: siempre hay *más*. Mientras estemos vivos, tenemos un propósito que cumplir; tenemos una misión que completar; tenemos tareas de Dios que perseguir. En cuanto terminemos una, Dios tendrá otra. El reto es que existe a menudo la tentación de conformarnos con menos, o de permitir que las normas sociales y las expectativas de otras personas dicten lo que ocupa nuestro tiempo y atención en cada periodo de la vida, desde empezar una carrera profesional, casarnos y tener hijos hasta finalmente jubilarnos. Pero esas normas y expectativas pueden ser erróneas. Es solamente Dios quien ordena nuestros pasos y da propósito a cada periodo de nuestra vida.[1]

Al observar a Laura hacerse camino en su nuevo rol, recibí aliento por el modo en que ella era de espíritu joven, pero lo suficientemente madura como para pastorear a todos los voluntarios más jóvenes con el tipo de sabiduría que solamente llega con la edad. Los veinteañeros estaban a kilómetros de sus casas y necesitaban a alguien como ella: una madre espiritual. Ella era su mentora, los alentaba, y con frecuencia oraba con ellos. Yo siempre he valorado las contribuciones de distintas generaciones, sabiendo que necesitamos la sabiduría de la generación mayor, los recursos de la generación mediana, y la energía de la generación más joven *trabajando todas juntas*; y me encanta verlo suceder en nuestra oficina.

Una noche, en una cena de equipo, Laura me contó más de su historia, y comencé a entender las normas culturales que ella había desafiado cuando nos envió su solicitud. En los meses anteriores a solicitar nuestro puesto de voluntariado, hubo muchas veces en que almorzaba o tomaba café con amigas y sentía el mismo tipo de presión de grupo que enfrentan todos los jóvenes: hacer lo que se espera, cuando se espera y como se espera. Me alegra mucho que ella decidiera con valentía hacer lo inesperado.

"Mis amigas y yo siempre habíamos esperado el día en que nuestros hijos fueran adultos para así poder ir a jugar al tenis y al golf, y disfrutar", decía Laura. "Pero mientras más se acercaba ese día, más decepción sentía yo. Era sorprendente haber anticipado algo durante años y después darme cuenta de que no era así como quería emplear mi tiempo. Un día en el almuerzo, cuando mis amigas y yo hablábamos de viajes que estábamos planeando y lo que íbamos a hacer con nuestros nietos, tuve la sensación de que estaba hablando sobre la vida de otra persona y no la mía. Estaba claro que eso no era lo que Dios quería que yo hiciera, pero era lo que se esperaba. Fue entonces cuando comencé a cuestionarlo todo, y entendí que la jubilación no era la voluntad de Dios para mí. No ahora. No mientras aún lata mi corazón y pueda hacer más para el reino."

Al escucharla, maravillándome de su valentía y fortaleza, no pude evitar pensar en Caleb: el líder incondicional que Moisés envió a espiar la Tierra Prometida. Él tampoco aceptó nunca la idea de jubilarse. Vivió como si todos sus años fueran años dorados, y al final de su vida seguía tan fuerte como siempre y lleno de visión para el futuro. Incluso a los ochenta y cinco años, se aferró a todo lo que Dios le había prometido cuando tenía cuarenta, cuando puso su mirada por primera vez en Hebrón.[2]

FIJA TUS OJOS EN HEBRÓN

Hebrón era una región desértica y rica en historia y recursos naturales, incluida una abundante provisión de agua. Grandes hombres y mujeres de fe habían vivido allí; y habían sido enterrados allí. Abraham y su esposa Sara, su hijo Isaac y su esposa Rebeca, y el hijo de Isaac, Jacob, y su esposa Lea. Era también donde Dios había hecho un pacto con Abraham y le prometió que sería el padre de muchas naciones.[3] Abraham, el hombre llamado el amigo de Dios.[4] Es comprensible, entonces, que la palabra Hebrón significa realmente "el lugar de la amistad vinculante".[5] En muchos aspectos, Hebrón era terreno sagrado, terreno bendito, fértil e importante.

Cuando Moisés envió por primera vez a Caleb y a otros once espías a la Tierra Prometida para verla en nombre de los hijos de Israel, Hebrón estaba habitada por gigantes, personas de gran tamaño, que alcanzaban a veces los nueve pies (2,75 metros) de altura,[6] incluidos los hijos de Anac. Un famoso descendiente de Anac era el gigante Goliat: el filisteo a quien David derrotó con una honda.[7] Cuando los espías regresaron y dieron su reporte a Moisés, diez de ellos tenían temor. Dijeron: "No podremos combatir contra esa gente. ¡Son más fuertes que nosotros!" (Números 13:31). Pero Caleb tenía una perspectiva distinta: "Subamos a conquistar esa tierra. Estoy seguro de que podremos hacerlo" (Números 13:30).

Cuando todos los demás querían retirarse, Caleb quería conquistar enseguida. Pero como mencioné en el capítulo anterior, serían necesarios otros cuarenta y cinco años antes de que Caleb recibiera la tierra que Dios había prometido. Durante todos aquellos años en el desierto, él siguió creyendo; y se mantuvo a sí mismo vitalmente vivo (espiritualmente, físicamente, mentalmente y emocionalmente) y anhelando poseer lo que Dios le había prometido. Durante el curso de cuatro décadas nunca soltó la promesa de que Hebrón era de él. Su actitud era de *entrega total*: miraba al futuro sin otra cosa sino esperanza y valentía.

Aun así, no es irrazonable pensar que con ochenta y cinco años bien podría haber estado listo para la jubilación. Podría haber dicho algo parecido a esto: "He logrado sobrevivir al desierto, y he cumplido mi tiempo. He liderado a hombres en batalla y he ayudado a familias a encontrar su parte de la Tierra Prometida. He levantado y he derribado más tiendas que cualquier comandante militar de la tierra. He aportado diligentemente a mi plan de jubilación. He visto crecer a mis hijos y tener sus propios hijos; y tengo muchas historias que contar. Ahora es el momento de relajarme y jugar al golf en el desierto, aunque sea tan solo un gran campo de arena".

Pero no hizo eso. Él no se conformaba solamente con tener historias que contar; quería seguir viviendo la gran historia que Dios había escrito para él. Caleb sabía de dónde venía su ayuda,[8] y tenía el tipo de sabiduría que solamente llega con el tiempo. Por lo tanto, en lugar de conformarse con la jubilación, sí que peleó con gigantes, y prevaleció:

> De acuerdo con lo ordenado por el Señor, Josué le dio a Caleb hijo de Jefone una porción del territorio asignado a Judá. Esa porción es Quiriat Arbá, es decir, Hebrón... *Caleb expulsó de Hebrón a tres descendientes de Anac: Sesay, Ajimán y Talmay.*
>
> Josué 15:13-14, énfasis añadido

¿No es fascinante que Caleb fue el que estuvo dispuesto y era capaz de enfrentarse a esos tres gigantes (Sesay, Ajimán y Talmay) y tuvo que esperar hasta tener ochenta y cinco años para hacerlo? ¿Podría ser que a veces hay gigantes a los que podemos derrotar solamente porque hemos sido experimentados lo suficiente por nuestros años de desierto para saber que podemos hacerlo? ¿Que hemos seguido a Dios el tiempo suficiente para ser fuertes y valientes en quiénes somos en Cristo y en lo que podemos hacer en su fuerza?

Cuando Caleb fue lo bastante viejo, lo bastante fuerte y lo bastante maduro, derrotó a esos tres gigantes y tomó posesión de la tierra: como su recompensa, y como una herencia para todas las generaciones posteriores. Vivió el tiempo suficiente para tener confianza en que cada batalla es del Señor,[9] sin importar cuán grandes sean los gigantes.

¿Crees que quizá también tú tienes un Hebrón? Tal vez has criado a tu familia, tuviste una carrera profesional satisfactoria, y aumentaste con diligencia los huevos en tu cesta. Ahora estás "establecido". Pero ¿y si Dios tiene más para ti? Especialmente ahora que eres más viejo y más sabio. Conoces cosas, el tipo de cosas que no podías haber conocido cuando eras más joven. ¿Y si hay algunos enemigos que solamente tú puedes derrotar, enemigos que solo un creyente maduro, experimentado y apasionado puede derribar? ¿Enemigos que necesitan ser destruidos para preparar el camino para las generaciones que vendrán después de ti? Ahora es el momento de tomar tu Hebrón. Ahora es el momento de hacer más, no menos. Ahora es el momento para que tu vida vaya hacia arriba, no hacia abajo, porque "el camino de la vida es hacia arriba al entendido" (Proverbios 15:24, RVR1960).

Aunque yo he dirigido ya un ministerio durante años (Equip & Empower), Dios tiene más para que yo haga. Más ministerios para que yo sea una innovadora y pionera. Más formas para que comparta el evangelio. Más conocimiento para que yo aprenda para poder seguir creciendo.

Cuando tenía cuarenta y un años, comencé A21.

Cuando tenía cuarenta y ocho, comencé Propel.

Cuando tenía cincuenta, comencé un programa de televisión global.

Cuando tenía cincuenta y uno, comencé la escuela de posgrado.

En este punto, mi actitud es como la de Caleb. *¿Qué es lo siguiente? Estoy lista para eso. Me emociona lo inesperado. Estoy totalmente entregada. ¡Vamos!* Estoy plenamente convencida de que en ningún lugar en la Palabra dice *detente*. En ningún lugar dice que te *jubiles*, tal como hemos llegado a entender la jubilación. Por eso Dios estaba poniendo en el corazón de Laura hambre de *más*. Por eso Él quería que se ofreciera de voluntaria con nosotros. Él no quería que ella redujera el paso o se detuviera; no quería que desperdiciara todos los años en que Él le había estado preparando para todo lo que Él tenía preparado para ella. Él quería que ella cumpliera su propósito, participara en la tarea de Dios que solo ella podía realizar, porque lo que ella aportaba al equipo llega solamente con la edad: una recompensa y un poderoso regalo de Dios. Cuando ella parecía estar perfectamente lista para un periodo de descanso, todo en su interior decía que tenía que haber *más*, de modo que se estiró más allá de su zona de comodidad donde todo era seguro y familiar.

Entiendo ese tipo de estiramiento. En todo lo que Dios me ha llamado a hacer, no he sabido exactamente dónde comenzar, pero cada vez, Dios me ha guiado a *estirarme*.

He aprendido que el crecimiento inesperado que Dios quiere para nosotros está en el estiramiento, y no en que nos retiremos. La gracia y la bendición están en el estiramiento. Hacer lo que Dios nos ha llamado a hacer no es posible sin el estiramiento. Él nos llama a estirarnos más allá de nuestro temor, más allá de nuestra inseguridad, más allá de nuestra comodidad. Él quiere que nos estiremos para que podamos avanzar.

Pero debemos pelear para avanzar, para hacer espacio y que Él haga más en nuestras vidas y a través de ellas. Debemos resistir la presión de las expectativas de otros y la inercia de conformarnos con nuestra zona de comodidad. Esas son las señales del envejecimiento de maneras que nunca quisimos envejecer. Tenemos que combatirlas, especialmente cuando somos tentados a pensar que ya hemos hecho suficiente.

Solo porque hayamos criado a nuestros hijos, terminado nuestra carrera profesional, y dado la bienvenida a los nietos a nuestros corazones, no significa que ya hayamos terminado. A mi edad, yo podría justificar que ya he hecho suficiente: para el reino, para la iglesia, para la comunidad global. Pero en realidad no lo he hecho. Ninguno de nosotros lo ha hecho si aún sigue con vida. Si hubiéramos terminado aquí en la tierra, Dios nos llevaría a casa. Él siempre tiene más para que hagamos, incluso si no nos movemos tan rápidamente como solíamos hacerlo, incluso si nos toma un poco más de tiempo hacerlo.

FUISTE HECHO PARA ALGO MÁS QUE EL BINGO

A medida que he envejecido, he tenido que reconocer algunas de las mismas señales de la edad que todos reconocemos; y luchar contra ellas. Es un trabajo duro resistirse a envejecer y decidir vivir sin edad; decidir estar completo en lugar de estar desprovisto. Ser pionero en lugar de conformarse; avanzar en lugar de retirarse. Sencillamente, seguir corriendo riesgos. Pero yo me fuerzo a mí misma voluntariamente a pelear la buena batalla de la fe para poder mantenerme joven de corazón.

Por ejemplo, he tenido que decidir resistir el empuje de la gravedad hacia la seguridad de las rutinas. Recuerdo que cuando mi mamá vivía, yo la llamaba casi todas las semanas, y en cada llamada telefónica ella lamentaba que no me veía lo bastante. Por lo tanto, cuando planeaba un viaje a casa en Australia, lo cual hacía varias veces al año, ella siempre estaba emocionada por mi llegada; y yo también tenía muchas ganas de verla. Pero si quería ir a visitarla un miércoles, me decía que no podía ir. Aunque había llamado con semanas de antelación para decírselo, aunque se lo recordaba una y otra vez a medida que se acercaba el día, y aunque la llamaba en cuanto aterrizaba mi avión, ella enseguida me decía que los miércoles estaban descartados.

La noche del miércoles era noche de bingo, y no importaba que yo hubiera volado catorce horas para verla, la noche de bingo era noche de bingo, y no la noche familiar. Nick y yo siempre nos reíamos de eso, pero seguía siendo difícil de entender. Cualquier pensaría que ella movería cielo y tierra para verme, y lo haría, ¡pero no la noche de bingo!

¿Cuántos de nosotros tenemos "noches de bingo" en nuestra vida, esos eventos semanales o mensuales en los que no estamos dispuestos a ceder, incluso si una de las personas más importantes en nuestra vida quiere interrumpir nuestra rutina? ¿Y si Jesús quisiera visitarnos y presentarnos una nueva aventura? ¿Estaríamos dispuestos a saltarnos cualquier cosa para escuchar? ¿Cómo podemos estar verdaderamente abiertos a Dios y a sus propósitos del reino para nosotros si no estamos dispuestos a dejar a un lado la noche de bingo?

Pensamos que estamos completamente abiertos a cualquier cosa que Dios pida, porque somos buenos cristianos, pero cuando alguien quiere interrumpir nuestra noche de bingo, descubrimos cuán rígidos y resistentes somos en realidad. No queremos ser incomodados. Podríamos decir que queremos ir al estudio bíblico en la mañana en la iglesia, pero solamente si no tenemos que levantarnos más temprano de lo normal. Podríamos decir que queremos ofrecernos voluntarios en el hospital, la escuela primaria o el centro de mayores, pero no si el único día coincide con nuestro día de bingo. ¿Cómo podemos crear más espacio para que Dios se mueva en nuestra vida si no estamos dispuestos a ser flexibles con todas esas noches de bingo en nuestra vida?

Por mucho que me gusten mis comidas favoritas (griegas) y mis restaurantes favoritos (griegos), siempre me obligo a mí misma a probar algo nuevo. Me encanta mi noche de cita con Nick, pero no quiero estar tan comprometida con nuestra noche de cita de manera que me pierda una cita con Jesús. Tampoco quiero convertirme en alguien que podría negarse a ir a la reunión de oración en la iglesia los jueves porque esa es la noche de mi programa favorito en televisión. Arriesguémonos a sacudir nuestras rutinas para mantenernos disponibles para Dios, ¡incluso en la noche de bingo!

MANTENERNOS FLEXIBLES

Me gusta pensar que soy flexible, e invencible, y estoy abierta a nuevas aventuras. Y la mayor parte del tiempo es así, hasta que voy al parque de trampolines con Sophia. Más de una vez he ido con ella a saltar, dar vueltas y doblarme y retorcerme, ¡solo para descubrir que ya no puedo retorcerme! Y siempre pago al día siguiente cuando apenas si puedo estar de pie erguida. A este cuerpo que ha dado a luz dos hijas y ha viajado por todo el mundo por más de veinte años ya no le gusta ser lanzado al aire y después rebotar sobre un trampolín. Pero cada vez que ella me pide que vayamos, me siento obligada a ir para así no dejar de intentarlo. Quiero seguir trabajando en mantener la flexibilidad, así que sigo estirándome: en todos los aspectos.

Leo libros todo el tiempo para mantenerme al corriente del conocimiento sobre liderar equipos, educar a mis hijas, y mantenerme fuerte emocionalmente. No puedo esperar seguir siendo un líder eficaz para mi equipo si no sigo ampliando el conocimiento que tengo y aplicándolo con destreza. No puedo esperar mantenerme al paso de una generación que habla de modo distinto y que fue educada de modo distinto a como lo fue mi generación si no estiro mi mente para entenderlos y aprender a comunicarme con ellos de modo efectivo. Por tentador que sea, no puedo confiar en que los éxitos de mi pasado me llevarán hacia el futuro en ninguna área de mi vida.

Recientemente comencé a trabajar en mi maestría en evangelismo y liderazgo de Wheaton College. Me matriculé en grupo con más de otras veinte mujeres de nuestras divisiones de Propel. Cuando comencé, habían pasado treinta años desde la última vez que me senté en un salón de clases. Aunque tengo una licenciatura de la Universidad de Sídney en Australia y tengo experiencia con la educación a nivel universitario, entrar en el sistema universitario estadounidense fue intimidante. No sabía qué esperar, y mientras más pensaba en ello, más aterrada estaba de no poder ser capaz de redactar un trabajo, ¡aunque puedo escribir libros! El temor nunca es lógico. Casi me convencí a mí misma para no comenzar el curso, pero mi deseo de seguir creciendo es mayor que mi temor al fracaso. Quiero seguir creciendo en mi capacidad de hablar y conducir a otros a Cristo. Quiero que mi mente se mantenga activa y mi espíritu alerta. Quiero mantenerme flexible. Quiero ser como Laura.

Desde que Laura se incorporó a nuestro equipo de A21, ha seguido aprendiendo. Ella sabe que es parte del plan de crecimiento de Dios mantenerla flexible, viva y joven, y está dispuesta a permitir que otros le enseñen. "Me encanta cómo me ayuda el equipo cuando tengo un proyecto nuevo y no sé cómo comenzar. Ellos me enseñan atajos en la computadora o una página web que me hará ser más productiva. ¡Son estupendos! A veces me río por cómo algunas cosas me sobrepasan. Pero Dios me equipa, y Él usa a mis compañeros de equipo. Me encanta en lo que me he metido".

En lo que Laura se metió fue mantenerse flexible para así poder seguir desarrollándose, no solo para ella misma, sino también para la siguiente generación.

Cuando leí la solicitud de Laura, una de las afirmaciones más poderosas que hizo, la que me conmovió tan profundamente, fue su deseo de dejar a sus nietos algo más que solamente recuerdos. Quería dejarles un *legado*, aunque en el momento de enviar su solicitud a A21 no sabía lo que era eso. Era solamente un deseo que Dios puso en su corazón, y ella fue obediente en seguirlo aunque no podía definirlo. Estaba dispuesta a seguir la guía del Señor incluso antes de entenderla, y Dios le concedió el deseo de su corazón.

"A mis nietos les encanta oír de todos los 'transformadores del mundo', como yo los llamo, en la oficina local donde trabajo, y quienes sirven alrededor del mundo", decía Laura. "Ha producido una buena dinámica en nuestras relaciones que nunca podía haber previsto. Una de mis nietas me dijo incluso que le gusta realmente cuán feliz estoy ahora que trabajo con 'transformadores del mundo', y que ella también será algún día una 'transformadora del mundo'. Como estuve dispuesta a crecer, Dios le ha dado a ella una visión para un futuro que es mucho más grande que antes. ¡Me encanta totalmente que mi nieta quiera seguir mis pasos haciendo trabajo del reino!".

Que su nieta quiera seguir sus pasos es un legado sin duda inspirador. La visión renovada de Laura por su futuro, incluso cuando era borroso y poco claro lo que ese futuro era en realidad, es lo que le impulsó a avanzar. Cuando ella siguió voluntariamente esa visión, se enfocó y le condujo hasta A21. Llegar a dejar un legado fue la bendición inesperada al otro lado de su obediencia.

¿Qué chispa ha puesto Dios en tu corazón? ¿Dónde quiere que trabajes, sirvas, o seas voluntario? ¿A quién quiere Él que alcances, ames, alientes y mentorees? ¿Quién está al otro lado de tu obediencia? ¿Dónde podrías necesitar ser flexible y estirarte para dar el paso siguiente?

Creo que tú eres la respuesta a las oraciones de alguien. Eres una bendición inesperada en la vida de alguien. Dios quiere usarte, y quiere que tengas una visión para cada edad y etapa de la vida, incluida la presente.

EJERCITAR UN NUEVO MÚSCULO

Ahora que tengo más de cincuenta años, voy al médico con más frecuencia para hacerme chequeos. ¿Quién sabía que había tantas cosas que examinar? Quieren monitorear mi corazón, mi densidad ósea y mis hormonas. Si pregunto sobre algún tipo de problema nuevo, por lo general me dicen que es una señal de la edad. En una visita en particular, le expliqué a mi médico que quería estar segura de que estaba en forma porque, sobre todo, tengo una hija preadolescente y otra adolescente a las que tengo que seguir el ritmo. Por lo tanto, el médico añadió un análisis para examinar mi masa muscular. Cuando los resultados revelaron que tenía un 31 por ciento de grasa muscular, quedé asombrada. El rango saludable para una mujer en buena forma de mi edad era del 21 al 25 por ciento. *¡Mis resultados no podían ser los correctos!*

Por lo tanto, fui al gimnasio para obtener una segunda opinión. (Sí, ¡estaba en negación!). Cuando me hicieron las pruebas, me dijeron tan rápidamente como mi médico que yo era "delgadamente gorda". Eso significaba que me veía saludable por fuera, pero por dentro mis músculos se estaban atrofiando; literalmente, estaba perdiendo masa muscular. No tenía sobrepeso, pero tampoco estaba en forma; me dijeron que era parte del envejecimiento. Supe entonces que estaban conspirando junto con mi médico. Si quería estar en forma y resistir el proceso de envejecimiento, necesitaba levantar peso. En otras palabras: *Si no lo utilizas, lo pierdes.* No hay un modo de inmovilidad cuando se trata de masa muscular. Si no te estás poniendo más fuerte, entonces realmente te estás debilitando. Si no estás aumentando, entonces estás disminuyendo.

Sabía que era el momento de dejar atrás la negación e impulsarme hacia adelante, pero no sabía por dónde comenzar. Siempre me había gustado mucho correr y montar en bicicleta, pero nunca había levantado peso y había hecho ejercicio en un gimnasio. En mi primera visita me quedé mirando todas aquellas pesas, porque estaba abrumada. No tenía ni idea de cómo agarrar una adecuadamente sin hacerme daño, y tampoco sabía cuánto peso era seguro para mí. Todo era muy intimidante, pero había hecho el compromiso de luchar contra los signos del envejecimiento y, con la ayuda de un entrenador, comencé a desarrollar fuerza.

Al principio solo podía levantar pocos kilos, y sin duda no podía hacer flexiones. Pero me mantuve constante durante semanas y meses, y ahora ya han pasado algunos años. Estoy mucho más fuerte, ¡y ahora puedo hacer más flexiones que Nick! ¡Les digo a

171

mis hijas que quiero ser una súper abuelita para Jesús! Como sigo levantando cada vez más peso, he desarrollado músculos que ni siquiera sabía que tenía, pero son músculos que han estado ahí todo el tiempo.

Una vez más, ¿no es eso lo que hizo Laura? Ella tenía músculos mentales, espirituales y emocionales que Dios quería que siguiera utilizando. No quería que la fuerza que Él había desarrollado en ella se atrofiara en un periodo de la vida que llamamos jubilación. A Él no le importaba si ella cambiaba el ritmo de su vida, especialmente tras décadas de dedicación a su familia, comunidad y negocio, pero no quería que se detuviera.

TUS MEJORES AÑOS ESTÁN POR DELANTE

Cuando miro alrededor en la oficina a todos nuestros voluntarios jóvenes, pienso en todo lo que podríamos habernos perdido si Laura hubiera decidido jubilarse en lugar de reengancharse. Habríamos perdido las bendiciones inesperadas de su guía, mentoría y liderazgo, y ella también se habría perdido muchas bendiciones.

Quiero activar a más mujeres como Laura; mujeres como tú. En este momento hay más de 76 millones de personas de la generación *babyboomer* en Estados Unidos y más de 83 millones de milenia-les.[10] Y nos necesitamos los unos a los otros. Los mileniales necesitan a los *boomers* para ayudarlos a madurar, y los *boomers* necesitan a los mileniales para ayudarles a mantenerse jóvenes de corazón. Es tiempo de que todos nosotros estemos en nuestros lugares, sin sujetarnos a nosotros mismos al sistema de jubilación del mundo, para así seguir edificando el reino de Dios y vivir con una perspectiva eterna, sin temer nunca al futuro.

Eso es lo que hizo Laura, y en la actualidad ya no es voluntaria. Laura está en nuestro equipo de personal como Coordinadora Global de Voluntarios. Lo que ella aportó a nuestra oficina de voluntarios de California, ahora lo da a todos nuestros voluntarios dondequiera que estén sirviendo con A21 en todo el mundo. Su aportación y liderazgo son una bendición inmensa y una respuesta a la oración. Ella nunca ha dejado de estar agradecida por todo lo que Dios ha hecho para darle un nuevo tiempo en la vida; y nosotros tampoco.

"Cuando mis hijas y yo estábamos enfermas, tenía la sensación de que mis mejores años habían pasado", decía Laura. "Estoy muy agradecida porque Dios me sanó y me mostró cuán grande puede ser Él realmente. Soy un conducto para sus propósitos: esa es mi misión. Estoy muy contenta porque Él me mostró que mis mejores años están por delante".

Y también lo están los tuyos si te estiras más allá de donde estás. Si te liberas de tu noche de bingo. Si trabajas todos los músculos que Dios te dio. Si corres el riesgo de obedecer y comienzas algo nuevo.

Capítulo 8

CUANDO LO INESPERADO ES INCREMENTAL

Dar el paso siguiente

_Un buen sentido del humor nos ayuda a pasar por alto lo impropio,
a entender lo poco convencional, a tolerar lo desagradable,
a vencer lo inesperado, y a soportar lo insoportable._

—Billy Graham

No fue la noche más glamorosa de mi vida como evangelista itinerante. Dormía en un catre, haciendo todo lo posible por no despertar a los tres niños pequeños de menos de cinco años con quienes compartía el cuarto. Había intentado quedarme dormida boca abajo y respirar sobre mi almohada para así no agarrar la gripe contra la que estaba batallando uno de los niños, pero era muy incómodo. Agotada por no ser capaz de dormirme, debido principalmente a luchar contra la asfixia, tuve que darme la vuelta y orar para que el aire estuviera libre de gérmenes. Pero intentar hacer eso en un catre chirriante de campamento requería más destreza y equilibrio de lo que yo había previsto.

En mi primer intento, simplemente traté de rodar, pero el catre y todas las mantas que tenía encima querían rodar también conmigo. Fue necesaria toda mi fuerza para vencer la fuerza centrífuga que me haría aterrizar sobre el piso con el catre encima de mi cuerpo.

Mi siguiente intento supuso deslizar suavemente las mantas hacia el piso, que estaba a pocos centímetros, e intentar hacer otra vez mi primer movimiento. No exactamente un plan brillante, pero en mi estado de fatiga parecía que valdría la pena probar. Pero apartar las mantas no marcó diferencia alguna. Parecía que seguía destinada a aterrizar en el piso haciendo un fuerte ruido.

Desplomándome derrotada sobre el estómago, tuve la tentación de reír pero, en cambio, comencé a llorar. Nada de eso era lo que yo había esperado.

Pero era exactamente lo que había querido.

Desde que tenía veintiún años me sentía desesperada por servir a Dios, y había orado fervientemente que Él me usara. Por lo tanto, cuando los líderes de mi iglesia pidieron voluntarios para servir en un equipo de limpieza en el ministerio de jóvenes yo dije *sí*. Cuando el ayudante del pastor de jóvenes me pidió que ayudara a comenzar el centro juvenil Hills District, un centro comunitario local sin fines de lucro para adolescentes en riesgo, dije *sí*. Entonces, cuando mi pastor principal me llamó y dijo: "Christine, quiero que seas la directora estatal del movimiento juvenil de nuestra denominación, Youth Alive", dije *sí*. Estaba apasionada por Jesús y dispuesta a servir de cualquier modo que fuera útil para que el reino de Dios avanzara en la tierra. Había orado: Aquí estoy, *Señor, envíame*, y después dejé el «dónde» y «a quién» en sus manos.

Por lo tanto, durante los siete años anteriores había entrecruzado Australia, principalmente viajando sola en mi propio auto por carreteras del condado en Nueva Gales del Sur, emprendiendo camino desde Sídney hacia una ciudad rural distinta cada semana. A veces había conducido de ocho a nueve horas seguidas para desarrollar a líderes de jóvenes, ayudar a construir ministerios juveniles, y hablar en convocatorias evangelísticas. Ver a adolescentes acudir a Jesús era lo que yo amaba. Ser usada por Dios era lo que yo quería. Nunca perdí mi asombro al ver a Dios salvar a jóvenes.

Durante esos siete años había vivido mi *sí* y había servido a Dios con fidelidad, atravesando cada puerta abierta en cada ciudad nueva, incluso cuando eso significaba dormir en el sofá en los hogares de personas que asistían a iglesias locales y patrocinaban Youth Alive.

Esa noche, mis anfitriones eran una amable pareja con deseos de impactar a la juventud en su comunidad. Estaba agradecida por su acomodo, pero tener veintinueve años, y estar metida en un catre de campamento *no* era donde yo había esperado que me llevara mi vida de evangelista itinerante. Garantizado: no estoy segura de que supiera realmente qué esperar, pero no era aquello. Simplemente nunca había imaginado compartir un cuarto con tres pequeños que dormían, y estar boca abajo para intentar no respirar gérmenes de la gripe.

Determinada a no permitir que eso fuera el pináculo de mi vida ministerial, decidí hacer un último esfuerzo por rodar y *no* caer al piso; de algún modo, rodar se había convertido en una meta fundamental que conseguir. Por lo tanto, después de hacer un detallado cálculo mental de los movimientos estratégicos necesarios, me impulsé hacia arriba con los brazos y me di la vuelta tan rápidamente como pude girar. El catre rebotó ruidosamente sobre el piso, pero yo lo clavé; y los niños no se despertaron. ¡Éxito!

A pesar de mi movimiento triunfante, mis sentimientos de victoria duraron poco. Mirando fijamente a la oscuridad, no podía negar la soledad inesperada que había comenzado a colarse en mi corazón. No podía negar las dudas que me hacían preguntarme si había tomado una decisión equivocada, si estaba en el lugar inadecuado y realmente no estaba marcando una diferencia. No podía negar las verdaderas razones por las que no podía dormir.

Mientras caían lágrimas por mi cara y llegaban hasta la almohada, mis dudas se amontonaban una encima de la otra. Podía oír la voz de mi mamá en mi cabeza: *Christina, estás desperdiciando tu vida. ¿Cómo puedes vivir así? ¿Cómo vas a casarte algún día? Comes arroz y frijoles. ¿Dejaste un empleo y un salario con un paquete increíble de beneficios por esto? Además de todo eso, una muchacha no tiene que conducir sola horas y horas por carreteras inhóspitas.*

Agarré las mantas que había lanzado al piso y me las acerqué. Pensando en todos mis amigos y amigas que se habían graduado de la escuela bíblica conmigo, me los imaginé desarrollándose como pastores de jóvenes, pastores asociados y líderes de alabanza, posiciones que yo percibía que eran mejores, más estables, y que incluían los beneficios de estar rodeado por un equipo. Cuando había hablado por última vez con uno de ellos, incluso ella había admitido que varios no entendían por qué yo había aceptado ese puesto, y que conducir por las zonas rurales no tenía ningún sentido.

Pensé en todos mis amigos que había dejado atrás en el mundo empresarial y que ellos estaban viviendo sus sueños, subiendo por la escalera del éxito. Me alegraba por todos ellos, de verdad, pero aquella noche fue difícil no creer que a todos ellos les iba mucho mejor que a mí, que no estaban tan solos como yo; y estaba totalmente segura de que estaban profundamente dormidos en camas bonitas y cómodas. Probablemente, incluso durmiendo en la misma cama mullida cada noche.

Mis pensamientos me sorprendieron. Había divagado de estar sola y cuestionar mis decisiones a pensar en que mis amigos dormían en camas de verdad. No pude evitar reírme de mí misma. Mi dilema *era* divertido, y desgraciadamente incómodo, y mis pensamientos eran muy absurdos.

Dando un gran suspiro y secando mi cara húmeda con la sábana, fui más inteligente que ceder a todos esos pensamientos irracionales. Estoy segura de que mis amigos también pasaban por sus propias experiencias difíciles. Todo el mundo tiene su historia. Yo tenía que creer que Dios iba a usar todo eso; sencillamente no estaba segura de para qué.

Y en lo profundo de mi ser sabía que mi mamá tenía buenas intenciones. Sus preguntas eran válidas, preocupaciones lógicas de madre, pero yo *sabía* que aquello era lo correcto. Yo *sabía* que el deseo que Dios había puesto en mi corazón, la confianza que mis líderes habían puesto en mí, y las vidas que estaba viendo cambiar semana tras semana era lo correcto. Solamente necesitaba dormir. Eso era todo. Dormir muy bien.

SEÑOR, ENVÍAME

La noche en que me peleé con el catre y mis ridículos pensamientos fue hace más de veinte años. Al echar la vista atrás, toda esa noche parece una necedad y, sin embargo, fue poderosamente significativa. En aquel entonces yo era una anomalía, al ser una mujer soltera y evangelista itinerante, y a veces me sentía muy sola. No había nadie que pudiera haberme preparado para lo que eso sería: pasar horas sola en la carretera, ser la única mujer que conocía que estuviera haciendo lo que yo hacía, y sentir constantemente la presión para inspirar visión en otros, preguntándome con frecuencia si realmente podíamos cambiar el mundo.

Ir de ciudad en ciudad para reunirme con personas de negocios, oficiales del gobierno y líderes de iglesias era un esfuerzo pionero, y nadie me había enseñado con respecto a cómo se sentía el dolor de ser punta de lanza en un esfuerzo nuevo. Nadie me había dicho cuán solitaria puede ser una carretera para individuos que están construyendo algo nuevo, apuntando hacia una meta, o persiguiendo un sueño; o simplemente haciendo algo que creían que Dios les había llamado a hacer. Sí, tenía un apoyo inmenso de mi iglesia local y grandes amigos en el ministerio, pero en la ejecución diaria de mi papel, viajando de ciudad en ciudad, estaba aislada.

Lo que yo no entendía entonces era que Dios estaba orquestando *mi* viaje para *mi* futuro. Él sabía lo que había por delante años después, que yo iniciaría y construiría ministerios y organizaciones usando precisamente las habilidades que estaba aprendiendo, pero yo no lo sabía. Él conocía todas mis tareas futuras, y me estaba preparando; Él estaba enfocado en el cuadro general de ese periodo en mi vida, mientras que yo estaba enfocada en una noche miserable batallando con mis dudas y mis realidades inesperadas.

Ahora que estoy décadas más adelante de aquella noche cómica, veo ese momento como un símbolo de un lugar que a todos nos resulta familiar. Seamos un aspirante a profesional que estamos labrándonos camino hacia un ascenso, un estudiante que soporta un empleo aburrido para seguir con los estudios, o una mamá que no trabaja fuera de casa y ha dejado en espera su carrera para cambiar pañales y perseguir niños que gatean, todos tenemos noches difíciles cuando no podemos dormir, y dudamos de nuestras decisiones especialmente cuando:

- Nada resulta como esperábamos.
- Nos sentimos solos en nuestros esfuerzos.
- Nuestros colegas o amigos parecen adelantarnos.
- Fracasamos en algo en el camino.

Pero Dios siempre usa nuestro presente para prepararnos para nuestro futuro. Aquella noche, mientras me reía de mí misma e intentaba que mis pensamientos volvieran a estar en consonancia con los pensamientos de Dios, comencé a ver mis circunstancias con la perspectiva de Él. En mi interior sabía que Dios era bueno y que siempre hace el bien. Sabía que Él me amaba y que decidir confiar en Él era la mejor decisión. Sabía que Él tenía un plan y un propósito para mi vida, y que de algún modo, todo aquello (ese periodo inesperado de mi vida) era parte de la preparación. Sabía que Él no me había olvidado, aunque aquella noche pareciera que así había sido.

Por la fe, me había empujado a mí misma a seguir poniendo un pie delante del otro; y por mucho que no quisiera admitirlo entonces, todo el concepto de caminar por fe y no por vista había parecido mucho más glamoroso la primera vez que dije *sí*. Ahora que era mi realidad diaria, lo sentía mucho más deslustrado que brillante. Pero aunque no era fácil, creía que Dios estaba haciendo que todas las cosas obraran para mi bien, y que Él iba a usar todo aquello de alguna manera. Por lo tanto, una vez más acompañé al profeta Isaías diciendo: "Heme aquí, Señor, envíame",[1] y decidí seguir avanzando.

POCO A POCO

Lo que estaba aprendiendo era algo que Dios quiere que todos recordemos en cada parte de nuestro viaje: la única manera de obtener las promesas de Dios es por la fe y la paciencia. Eso se aplica a todo, incluyendo cualquier palabra, metas, planes, sueños o visiones que Él haya puesto en nuestro corazón. Dios hace las promesas y a nosotros nos toca perseverar, igual que nos dijo el escritor de Hebreos: "No sean perezosos; más bien, imiten a quienes por su *fe y paciencia* heredan las promesas" (Hebreos 6:12, énfasis añadido).

Quizá tienes un sueño, una meta, un plan hacia el que has estado trabajando por años, y sientes que Dios se ha olvidado de ti. Tal vez has querido:

- Comenzar un negocio
- Regresar a los estudios
- Establecer una organización no gubernamental (ONG)
- Servir en tu comunidad
- Ser un padre o madre de acogida
- Hacer un viaje misionero
- Liderar un ministerio

Sea lo que sea, Dios *no* se ha olvidado de ti. Los sueños, visiones y planes que Dios pone en nuestros corazones toman tiempo, mucho tiempo. Y durante todo ese tiempo Dios está obrando *en* nosotros para así obrar *por medio de* nosotros. De nuevo, nuestra parte es ejercitar fe y paciencia en el proceso. *Fe* es creer a Dios, creer que Él es quien dice que es, y que hará lo que dijo que haría. *Paciencia* es nuestra capacidad de tolerar la demora: esperar. Es confiar en que Dios es bueno, Dios hace el bien, y Dios sabe lo que hace, sin importar cuánto tiempo tome y a pesar de cuál pueda ser nuestro propósito.

Al haber vivido eso en mi propia vida, desde aquellos años de viajes por el campo de Australia hasta entrar en cada iniciativa desde entonces, he descubierto que el proceso de Dios es estratégico y creado a la medida para mi vida. Es lo mismo para tu vida y el viaje de Dios para ti. Pero vivir nuestra vida con propósito, caminar en fe y paciencia, a menudo lo sentimos como contracultural. Vivimos en un mundo digital conectado globalmente por la Internet y las redes sociales, de modo que tenemos acceso instantáneo a todo, desde noticias y productos hasta videos de acontecimientos mundiales en tiempo real. Como cultura, consideramos normal obtener por encargo todo lo que queremos. Incluso nuestros programas televisivos de *reality* transmiten la ilusión del éxito de la noche a la mañana, pero realmente no hay ninguna historia de éxito que se produzca rápidamente. Nadie agarra un micrófono un día y sube al estrellato al día siguiente. Hay años de trabajo duro entre el comienzo de algo y la llegada de lo que consideremos como éxito. Hay que aprender importantes lecciones en la vida en los años de trabajo duro hacia una meta. Y para nosotros, como creyentes, hay experiencias que Dios quiere que atravesemos, que toman tiempo, para así poder prepararnos para el futuro que Él ha diseñado para nosotros.

Cuando las personas me preguntan cómo llegué hasta donde estoy en la actualidad, liderando Equip & Empower Ministries, A21 y Propel, recuerdo aquella noche en el catre y sonrío. No tengo cinco pasos hacia el destino o siete claves para poner fin a la injusticia global. Lo único que tengo para compartir es el proceso por el cual me ha llevado Dios, que es el mismo por el que le he visto llevar a todas las personas cuando abrazaron el sueño que Él puso en sus corazones, ya fuera llegar a ser médico, maestro o periodista, dirigir una franquicia, o quedarse en casa para criar a una familia.

Sea cual sea el objetivo, el proceso es el mismo. Dios pone en nuestro corazón un llamado, una misión, una meta, una idea, un destino, y después nos dirige en pasos pequeños e incrementales. Es un principio de crecimiento que se describe en toda la Biblia. El profeta Isaías lo dijo de este modo: "¡Una y otra vez nos repite todo, línea por línea, renglón por renglón, un poco aquí y un poco allá!"

(Isaías 28:10, NTV). Este mismo proceso paso a paso es evidente en el modo en que Dios sacó a los hijos de Israel de la esclavitud en Egipto y los llevó a la Tierra Prometida. Ellos habían sido esclavos por 430 años, y Dios sabía que tenían una mentalidad de esclavos que sería un lastre para que poseyeran todo lo que Dios tenía para ellos. Por mucho que ellos quisieran salir de Egipto y llegar rápidamente a la Tierra Prometida, Dios no los llevó corriendo por el desierto; en cambio, los guió en un viaje inesperado a través del desierto.

Me identifico mucho con esta historia. Aunque Dios puso en mi corazón el deseo de servirlo a Él cuando por primera vez me convertí en cristiana, no estaba preparada *entonces* para todas las iniciativas que lidero *ahora*. Él tuvo que empezar a sanarme renovando mi mente de una mentalidad de esclava (de ser una víctima que había sido abandonada, adoptada y abusada) para que así pudiera entrar en cualquier Tierra Prometida que Él tuviera para mí en el futuro.

Del mismo modo, aunque Dios liberó a los hijos de Israel y los guió a la Tierra Prometida, no podía permitirles que poseyeran toda la tierra de inmediato. En cambio, llevó a cabo un plan muy deliberado, uno que creo que también lleva a cabo en nuestras vidas. Cuando hizo que atravesaran el río Jordán, se encontraron con todos los habitantes que vivían en la tierra, incluidos los gigantes a los que Caleb derrotó finalmente. Pero Dios no les permitió conquistar a todos los habitantes en un periodo de tiempo breve; más bien ayudó a su pueblo a desalojarlos poco a poco:

> Sin embargo, no los desalojaré en un solo año, no sea que, al quedarse desolada la tierra, aumente el número de animales salvajes y te ataquen. Los desalojaré *poco a poco*, hasta que seas lo bastante fuerte para tomar posesión de la tierra.
>
> Éxodo 23:29-30, énfasis añadido

La directriz de Dios mostraba su infinita sabiduría y visión para el futuro de ellos. Mientras que ellos estaban cansados y agotados de esperar y querían entrar enseguida, Dios sabía que aún no podrían manejar toda esa tierra. Él sabía que, en su estado actual, la tierra que ellos querían tan desesperadamente, la tierra que Él les había prometido, tenía el poder de destruirlos. Por lo tanto, les mostró cómo alcanzar su meta mutua poco a poco. Primero tenían que fortalecerse, de modo que Él los situó en un plan de entrenamiento de fuerza. En el proceso, preparó la tierra para ellos y los preparó a ellos para la tierra.

¿Puedes identificarte en algo con la mentalidad de los israelitas de antaño? ¿Alguna vez has querido entrar de cabeza en aquello que sentías que Dios te había llamado a hacer? Si es así, ¡bienvenido al club! La mayoría de nosotros queremos nuestro destino por encargo. Queremos que todas las promesas de Dios sean *sí*, y *amén*, y *ahora*. Pero no es así como funciona el método «poco a poco» de Dios. El Señor está orientado al proceso. Consideremos algunas otras áreas de la vida en las que vemos muy claramente este principio. Poco a poco...

- Perdemos peso y construimos músculo
- Somos libres de las deudas mediante disciplina y gratificación demorada
- Adquirimos nuestros estudios y calificaciones
- Construimos confianza en las relaciones
- Escribimos libros

Y la lista podría continuar. Prácticamente todo en nuestra experiencia humana se logra poco a poco. Es así como Dios obra: poco a poco.

Cuando comenzamos A21 en el año 2008, en Sídney y Tesalónica, teníamos un miembro en el equipo y un puñado de voluntarios. En los primeros meses de operación habíamos rescatado a una muchacha y habíamos conseguido que metieran en la cárcel a un traficante. Nos podríamos haber desalentado y abandonado antes de conseguir realmente impulso, pero Dios dice que no despreciemos los pequeños comienzos.[2] Por lo tanto, seguimos adelante, y comenzamos a tener éxito poco a poco. A lo largo de los años siguientes, nuestras cifras de rescates aumentaron y establecimos nuestros programas de seguimiento. Nos fortalecimos.

Mientras escribo estas palabras, A21 tiene ahora trece oficinas y más de doscientos miembros en el equipo en doce países. Hemos rescatado a cientos de hombres, mujeres y niños. Hemos advertido a cientos de miles de refugiados de los peligros del tráfico de personas en los campamentos en Grecia. Nuestras recientes Caminatas por la Libertad se realizaron en cuatrocientas ciudades, cincuenta países, e involucraron a cientos de miles de personas caminando. Nuestras campañas de concientización pública advirtiendo sobre el tráfico de seres humanos se ven en autobuses, en terminales de aeropuertos, y mediante medios públicos en múltiples países. Hemos ayudado a mujeres jóvenes rescatadas a terminar la secundaria y después estudiar en la universidad; y por primera vez en nuestros diez años de rescates, una de esas supervivientes se incorporó a nuestro equipo como miembro. Ella quería restituir ayudando a otras mujeres jóvenes a lograr la libertad y la sanidad del dolor que habían experimentado. Pero su proceso, desde ser rescatada hasta trabajar en nuestras oficinas como miembro del equipo a tiempo completo, ha tomado años.

Su viaje comenzó cuando una oportunidad inesperada le permitió escapar de sus traficantes y llamar a la policía. Los oficiales que la rescataron la pusieron en contacto con A21, y nosotros le ayudamos a comenzar su largo y doloroso viaje de sanidad. Poco a poco, ella pudo atravesar los temores arraigados en años de ser amenazada, secuestrada, y utilizada de maneras viles. Poco a poco fue conectando de nuevo con su familia y sintió que volvía a ella. Poco a poco aprendió cómo ser amada genuinamente y cómo confiar: el paso más difícil de todos. No sucedió todo al mismo tiempo, pero sucedió.

Todos estos años después, he tenido el honor de compartir la plataforma con ella muchas veces cuando ella abre su corazón y relata su historia a miles de personas. Y cada vez, mi corazón se siente sobrecogido por la bondad de Dios en su vida. En todos aquellos años de viajes por el campo de Australia, nunca pude haber imaginado nada de esto. Yo quería alcanzar a personas y ayudarles, pero no sabía que eso sería lo que Dios tenía en mente. Nunca soñé con rescatar a víctimas del tráfico de seres humanos.

Sí, he recorrido un largo camino desde aquella miserable noche en el catre, pero llegué desde allí hasta acá del mismo modo que lo hacen todos los hijos de Dios: poco a poco. Y dondequiera que Dios me lleve después, llegaré allí también poco a poco.

PASO A PASO

En el proceso «poco a poco» de Dios, los pasos son esenciales para el éxito, ya sea en nuestra vida personal, profesional, o en nuestro desarrollo emocional y espiritual. Cuando comencé a viajar por todos aquellos pueblos pequeños, hablando en escuelas de secundaria e invitando a los estudiantes a cruzadas en la noche, estaba dando pasos. Estaba construyendo sobre lo que había aprendido trabajando con jóvenes en la iglesia y en el centro juvenil. Aquellos dos primeros pasos me prepararon para mi trabajo con Youth

Alive; y ese tercer paso, que duró siete años, me preparó para los pasos siguientes. Pero todo comenzó con el primer paso:

- Fui a la iglesia.
- Dije sí a servir en un día de limpieza.
- Dije sí a ser voluntaria en el Centro Juvenil.
- Dije sí a servir como directora de Nueva Gales del Sur de Youth Alive.
- Dije sí a ser una coordinadora en la Red Hillsong.
- Dije sí a comenzar Equip & Empower Ministries.
- Dije sí a iniciar A21.
- Dije sí a lanzar Propel.

No es que una cosa condujo directamente a la siguiente; es que un *paso* condujo al *paso* siguiente, y no pude saltarme ninguno de los pasos. Fue como subir un tramo de escaleras, y lo que aprendí en cada peldaño me dio la sabiduría, el conocimiento, la fortaleza, la confianza y la madurez para tener éxito cuando subí al peldaño siguiente.

Este es un ejemplo de un modo en que sucedió. Cuando trabajaba para el centro juvenil en Sídney, antes de servir con Youth Alive en el campo, comencé a reunirme con consejeros del gobierno para hablar sobre políticas para la juventud. Iba a una escuela tras otra realizando seminarios y trabajando con el profesorado para desarrollar programas extraescolares y redactar programas de estudios. ¿Cómo podría haber sabido entonces que algún día, mediante el trabajo de A21, desarrollaríamos un programa de estudios llamado *Los cuerpos no son mercancías* que ahora se distribuye por las escuelas en Estados Unidos, México, Europa, Asia y Australia? ¿Cómo podía haber sabido que Dios usaría mis primeros años de redactar y desarrollar un programa local de estudios para producir uno global?

Dios conocía el fin desde el principio, pero yo no.

Dios sabía que Él me estaba preparando, pero yo no.

Dios sabía que todos los momentos inesperados conducían hacia alguna parte. Yo confié en Él y di pasos, y *Él nunca ha desperdiciado un solo paso*. "El Señor dirige los pasos de los justos; se deleita en cada detalle de su vida" (Salmos 37:23, NTV). No hay elevadores exprés hacia nuestro destino, porque Dios no toma elevadores; Él dirige nuestros pasos. Y si estamos creciendo, poco a poco Él nos muestra un paso cada vez.

Sé que no siempre es fácil. Créeme, si aquella noche en el catre hubiera sabido todo lo que había por delante en mi camino, podía haber hecho las maletas, conducido directamente a casa, y admitido ante mi mamá que ella tenía razón en todo, incluyendo matrimonio, maquillaje y cocina. Pero Dios no me abrumó con demasiadas cosas demasiado pronto; en cambio, fielmente sostuvo mi mano y me hizo avanzar: un paso cada vez.

Confiar en Él para dar el paso siguiente a veces ha sido profundamente doloroso y difícil. Muchas veces quise saltarme pasos, pero he visto a personas hacer eso y siempre conduce a un proceso mucho más doloroso. Si nos saltamos un paso, aun así tendremos que aprender lo que estaba involucrado en ese paso, pero es probable que tengamos que aprenderlo a un costo más elevado y de manera más pública. Personalmente, prefiero aprender *todo* lo que pueda en cada paso, cada revelación y comprensión, para así no ser derribada por los acontecimientos inesperados de la vida que hay por delante. Quiero que la imagen de Cristo sea formada plenamente en mí. Quiero que el fruto del Espíritu se desarrolle plenamente en mí. Quiero caminar en amor maduro, porque eso es lo que quiero que salga de mí hacia un mundo perdido y quebrantado.

Simplemente no podemos despreciar los pequeños comienzos; o los pequeños pasos.

Los pasos nos mantienen dependientes de Dios. Nos mantienen arrodillados en oración, caminando por fe y no por vista.[3] Está en la naturaleza humana querer conocer la historia completa desde el principio, ver toda la escalera de abajo hasta arriba, pero no es posible que podamos conocer el fin desde el principio. Sin duda, yo no puedo.

En la actualidad lucho por la justicia. Mi trabajo requiere por rutina interactuar con líderes civiles, oficiales del gobierno y oficiales de policía: todo ello fuera de la iglesia. Es un trabajo para el que comencé a ser preparada al principio durante todos aquellos años cuando trabajaba en un centro juvenil sin fines de lucro y aprendí a redactar solicitudes de subvenciones del gobierno pidiendo recursos para nuestros programas. Mientras estaba sentada en reuniones oficiales y presentaba propuestas, estaba siendo entrenada para entender el funcionamiento interno del gobierno. Dios me estaba enseñando entonces a trabajar dentro de los sistemas gubernamentales y a relacionarme con oficiales del gobierno. Me estaba preparando para el trabajo de A21, pero yo no lo sabía.

En la actualidad, A21 se sienta rutinariamente a la mesa con importantes agencias del gobierno y otras ONG de todo el mundo. Y su eficacia puede remontarse muy atrás, a las lecciones que comencé a aprender en 1989 cuando no sabía qué estaba haciendo o por qué. Solo Dios sabía entonces lo que yo necesitaría saber ahora, y Él me preparó a lo largo de los años de mi trabajo con jóvenes en Sídney, y en todos aquellos pequeños pueblos rurales. En el proceso, he aprendido una y otra vez que...

Los pasos son necesarios: para crecimiento, fe, gloria y fortaleza.

Los pasos son lo que hacen crecer un buen matrimonio, hijos responsables, y una amistad divertida.

Los pasos son como recuperamos nuestra salud y construimos músculos fuertes.

Los pasos son como llegamos desde aquí hasta allá, dondequiera que esté ese allá.

EL LARGO RODEO

Nick es el navegador cuando viajamos. Con frecuencia utiliza el GPS en su teléfono para saber de antemano dónde tenemos que ir exactamente cuando aterrizamos en un aeropuerto. Yo me siento siempre muy relajada cuando él confía en el GPS, que muestra todas esas pequeñas líneas rojas donde hay tráfico intenso y sugiere rutas alternas para rodear los embotellamientos de tráfico. Incluso puede dirigir a una persona a la cafetería más cercana, algo muy valioso para mi existencia terrenal.

Pero a veces a Nick le gusta tomar su propio atajo. Ahora bien, esos atajos no siempre son técnicamente "más cortos", pero él insiste en que ese es el camino. Y aunque me estresa un poco, me he resignado al hecho de que no hay manera de convencerlo de lo contrario. Lo mejor que puedo hacer es felicitarlo cuando eso sale bien, y no pronunciar ni una sola palabra cuando sale mal. Después de todos estos años de observar a Nick recorrer ciudades en todo el mundo, y tomar muchos atajos más largos, he derivado algunos principios espirituales bien meditados basándome en nuestras experiencias con (y sin) GPS. Principalmente porque he tenido mucho tiempo para pensar mientras íbamos en el auto durante todos esos atajos.

Como el GPS, Dios sabe dónde hay atascos de tráfico más adelante; conoce las carreteras que están cerradas y los accidentes que bloquean el camino y, por lo tanto, nos redirige por el camino que sabe que es el mejor para nosotros. En lugar de permitirnos tomar un atajo engañoso, nos conduce poco a poco, paso a paso, *por el camino largo*.

Cuando Dios sacó por primera vez de Egipto a los hijos de Israel, Él conocía la ruta que los prepararía mejor para vivir y prosperar en la Tierra Prometida, y no era un atajo:

> Cuando el faraón dejó salir a los israelitas, Dios no los llevó por el camino que atraviesa la tierra de los filisteos, *que era el más corto*, pues pensó: «Si se les presentara batalla, podrían cambiar de idea y regresar a Egipto». Por eso les hizo dar un rodeo por el camino del desierto, en dirección al Mar Rojo.
>
> Éxodo 13:17-18, énfasis añadido

En lugar de conducirlos por una ruta de comercio establecida, que era cientos de kilómetros más corta que la que tomaron rodeando hacia el mar Rojo, Dios condujo a los hijos de Israel por el camino largo del desierto. Él sabía que los filisteos eran un pueblo agresivo, y que si los israelitas eran atacados, podrían volver atrás. Dios sabía que ellos aún tenían una mentalidad de esclavos, no una mentalidad de guerreros. Durante siglos habían sido trabajadores y constructores; nunca habían aprendido a luchar, de modo que no estaban preparados para el combate. Antes de que pudieran conquistar y poseer la Tierra Prometida tenían que convertirse en guerreros. Dios tenía que renovar sus mentes para que pensaran como los generales militares y los soldados. Hasta que pudiera hacer eso, siguió evitando que enfrentaran enemigos y guerras. Dios sabía que el rodeo por el camino largo era para el bien de ellos, igual que también es siempre para nuestro bien.

Cuando yo estaba en aquel catre llorando y dudando de estar en lugar correcto en el momento correcto, lo único que podía ver era a mis compañeros que se habían graduado del instituto bíblico y habían entrado directamente en los equipos de muchas iglesias estupendas. No podía imaginar lo peor que podría haber sido la tentación a jugar a ese juego de comparaciones si yo hubiera tenido redes sociales y hubiera pasado las tardes mirando posts de sus vidas aparentemente perfectas. Ya era bastante difícil no pensar en preguntas como: *Dios, ¿por qué estamos tomando el rodeo por el camino largo? ¿Por qué ellos fueron por un atajo hasta todos los empleos mejores? ¿Por qué no voy yo por un atajo?*

La respuesta era que Dios tenía un futuro diferente para mí, y yo aún no estaba preparada para ello. No era lo bastante fuerte, y Dios quería fortalecer mis músculos, así que utilizó las presiones y los retos de mi trabajo para madurarme, para aumentar su unción y su poder en mi interior. Él me forjó en el fuego. Mi tarea era aceptar el proceso en lugar de huir de él, mantener mis pies en el camino largo.

Amigo, el mismo principio se aplica a todos nosotros. Incluso cuando existe un tentador atajo, nunca es un sustituto del rodeo por el camino largo. Dios usa los caminos del desierto de nuestra vida para protegernos y prepararnos. Algunas veces nuestro camino largo adopta la forma del anonimato, la oscuridad, largas horas, o condiciones incómodas. Es un lugar donde pensamos: *Lo que Dios tenía para mí, me lo he perdido.* O: *Me siento sediento, vacío y lejos de Dios.* O: *Lo he fastidiado y ahora Dios no puede usarme en nada.* O: *Pensé que Dios me dio un sueño y una promesa, pero quizá lo entendí mal.* Los caminos largos son también donde la espera puede desgastarnos y nublar nuestras esperanzas. Esperamos años y oramos fervientemente... por la salvación de un ser querido, por sanidad en nuestro matrimonio, por victoria en nuestras luchas, por una puerta abierta a nuestros sueños; y todo sin ningún resultado. En el camino largo, a veces lo único que podemos pensar es: *Dios, ¿te has olvidado de mí?*

Dios me ha llevado por muchos caminos largos, y he tenido todos esos pensamientos desalentadores y muchos más en un momento u otro. Comencé a caminar por un camino largo hace casi veinte años atrás en Sudáfrica. Veía antenas parabólicas por todas partes, en cada tejado, incluso en zonas de lamentable pobreza, y me di cuenta de que podría alcanzar a muchas más personas con un mensaje de fe y esperanza por medio de la televisión. Quería crear un programa cristiano en aquel momento, pero tomó casi dos décadas, el rodeo por el camino largo, antes de poder entrar por primera vez en un estudio para grabar mi propio programa, *Equip & Empower*. Durante aquellos años en el camino largo, Dios me estaba preparando para que yo pudiera utilizar esta potente herramienta con eficacia.

Quién sabe, si hubiera comenzado hace veinte años atrás, ¡podría haberme quedado sin material en el primer mes! Pero ahora sé que es el momento perfecto para utilizar las emisiones para dar a conocer el nombre de Jesús por todo el mundo, ¡y sin duda tengo muchos mensajes para compartir! ¿Fue difícil y desalentador el camino largo? Sí y sí. Pero me alegro mucho de no haber tenido mi propio programa hasta *ahora*. Dios nunca lo estuvo reteniendo de mí; desde un principio Él había puesto ese deseo en mi corazón. En cambio, me estaba preparando; estaba renovando mi mente, madurándome y haciéndome más fuerte, de modo que cuando di el paso hacia mi sueño, estaba preparada para manejarlo bien.

Dios plantó en mi mente la idea de un programa de televisión años antes de que pudiera tener mi propio programa, y me imagino que Él también ha plantado ideas y sueños en tu mente y tu corazón:

194

- Un libro que quieres escribir
- Una invención que esperas patentar
- Una casa que sueñas con construir
- Un negocio que quieres lanzar
- Una familia que quieres tener
- Una diferencia que quieres marcar

Si tienes un sueño, entonces es probable que estés en un camino largo; lo cual significa que, tarde o temprano, el enemigo se acercará a ti y te tentará a que tomes un atajo. En esos momentos, simplemente debes confiar en que Dios te está protegiendo y preparando, porque Él siempre está a tu favor y nunca contra ti.[4] Y Él no solo está *a* tu favor, Él ha ido *delante* de ti. ¿Cómo lo sé? Lee estas palabras que Moisés lanzó a los israelitas:

> Pero aun después de todo lo que él hizo, ustedes se negaron a confiar en el Señor su Dios, *quien va delante de ustedes* buscando los mejores lugares para que acampen, y guiándolos, de noche con una columna de fuego y de día con una columna de nube.
>
> Deuteronomio 1:32-33, NTV, énfasis añadido

Dios *siempre* va delante de su pueblo. El problema, con los israelitas y con nosotros, es la falta de confianza. No repitamos los errores de los israelitas. Confía en que Dios va siempre delante de ti, protegiéndote de algo que no puedes ver o que aún no estás preparado para manejar:

- Una relación destructiva
- Un entorno de trabajo tóxico
- Un negocio ruinoso
- Una tragedia de proporciones épicas
- Una gran responsabilidad

En cada área de mi vida, el rodeo por el camino largo con Jesús como mi GPS, siempre ha demostrado ser mejor que cualquier atajo que yo podría haber tomado sin Jesús. No puedo contar las veces que el atajo de Nick terminó duplicando la distancia y el tiempo de nuestro viaje. No es eso lo que Dios quiere para nuestros viajes en la vida. Jesús es nuestro GPS probado y fiable, y no queremos apartarlo a Él a cambio de un atajo.

ESTOY AQUÍ PARA QUEDARME

Dondequiera que estés en tu viaje, sigue adelante. Si estás obteniendo ganancias en pequeños pasos incrementales, confía en Dios en que estás en el camino correcto. Estoy muy agradecida por el camino largo en mi vida. Estoy muy agradecida por todo de lo que Él me ha guardado y por todo para lo que me ha preparado.

Hace todos esos años atrás, mis amigos no podían entender el camino en el que yo estaba. "Christine, ¿qué estás haciendo? ¿Por qué participas en tareas del centro juvenil? ¿Por qué te involucras en el gobierno? ¿Por qué te implicas en la justicia social?". No tenía ningún sentido para mis amigos, y a veces incluso para mí, pero tenía todo el sentido para Dios. Él conocía mi destino. Lo que ellos pensaban que me estaba reteniendo (mi compromiso con mi iglesia local y su visión hacia la juventud) era exactamente lo que me preparó para tocar más del mundo.

Cuando trabajaba con jóvenes traumatizados y adictos a las drogas, expulsados de la escuela, recluidos en centros juveniles o cárceles, viviendo bajo tutela, Dios me estaba preparando para todas las personas vulnerables a las que un día alcanzaría mediante el trabajo de A21.

Cuando hablaba en gimnasios de escuelas de secundaria, a veces con solo veinte jóvenes, Él me estaba preparando para hablar en estadios llenos de cientos de miles de jóvenes adultos.

Cuando orquestaba cruzadas para toda la ciudad en pueblos pequeños, Él me estaba enseñando a organizar y planear grandes eventos en lugares públicos. Él sabía que en mi futuro estaban eventos Propel.

Cuando conducía largas distancias trabajando con Youth Alive, una organización que sigue prosperando hasta la fecha, Él me estaba preparando para toda una vida de viajes por todo el mundo. Dormir en un catre en un cuarto con tres niños era solamente preparación para lo que estaba por llegar. Como cuando viajé durante tres meses a la vez que sufría mareos matutinos. Y cuando aprendí a dar el pecho a mi hija en aeropuertos, a cambiar pañales en cualquier lugar donde pudiera encontrar una superficie plana, y a correr por las terminales de aeropuertos con un carrito con el equipaje. Ah, y esto... Una vez era la oradora, oí llorar a un bebé entre la audiencia, y comenzó a salir mi leche. Eso, desde luego, no tiene nada que ver con viajar, ¡pero fue una experiencia memorable de maternidad que nunca olvidaré!

Cuando comencé por primera vez a dirigirme a grupos de mujeres en iglesias locales, Dios me estaba preparando para conferencias de mujeres globalmente y para Propel. Me estaba preparando para convertirme en una maestra de la Palabra y de principios de liderazgo basados en la Palabra. Esa es la tarea que más me ha sorprendido. Pude ver desde el principio que yo era una evangelista, que fui creada para ganar almas de todas las edades, pero no esperaba enseñar la Palabra e inspirar a líderes; no esperaba activar a mujeres para cumplir su potencial de liderazgo. Pero cada paso inesperado tenía un propósito para ayudarme a cumplir mi llamado, para ayudarme a entrar cada vez más en mi destino.

No sé la tarea que Dios ha puesto en tu corazón, pero sé que Él tiene un viaje planeado para ti y nunca te ha olvidado. Decidamos hoy seguir dando pasos a medida que Él dirige fielmente nuestros pasos esperados e inesperados igualmente. Confiemos en que Él va delante de nosotros y que usará cada uno de nuestros pasos para nuestro bien y para sus propósitos. Anclémonos a la promesa de que Él usará cada momento de nuestras vidas para hacernos más fuertes y más sabios, más tiernos y compasivos, más amorosos y generosos: todo para su gloria. Sigamos abrazando la aventura de la fe y avanzando, poco a poco, paso a paso, incluso cuando Él nos guíe a dar un rodeo por el camino largo.

Capítulo 9

CUANDO LO INESPERADO LLAMA A UN CAMBIO

Soltar las limitaciones

A pesar de todo, espera lo inesperado.
Y siempre que sea posible, sé lo inesperado.

—Lynda Barry

Saliendo al porche, con un café en una mano y el teléfono en la otra, le di gracias a Dios por otra hermosa mañana del sur de California. El cielo era de color muy azul y no se veía ni una sola nube, y el ligero aroma de las flores de hibisco permeaba el aire. Me subí a nuestra hamaca, un lugar favorito donde me encanta orar y charlar con Dios, y me relajé, asimilando un momento extraño sin nadie más en la casa. Todo estaba muy tranquilo y en paz, tanto en el patio como en mi interior. Sentía todo bien en mi alma.

Nick se había llevado a las niñas a lo que yo tenía la seguridad de que era una gestión para la celebración del Día de las Madres, que era al día siguiente. Sus misteriosos susurros y sus risitas en el pasillo fueron mi primera pista, pero lo verdaderamente revelador fue que una preadolescente y una adolescente se levantaran de la cama y se vistieran antes del mediodía. Nick, Catherine y Sophia se despidieron de mí uno a uno, a la vez que se sonreían unos a otros mientras se dirigían al garaje. No pude evitar sonreír mientras pensaba en cuán divertidos podían ser los tres juntos, especialmente cuando estaban en cierto tipo de misión secreta y encubierta para hacer un regalo.

Mientras estaba allí tumbada absorbiendo la tranquilidad, me di cuenta de que ya era domingo en Australia, lo cual significaba que allí ya era el Día de las Madres. Instintivamente abrí mi teléfono y fui a mi lista de favoritos. Y entonces, en el segundo que tomó llegar a su nombre y casi pulsarlo, me quedé helada.

¿En qué estaba pensando? Mamá no estaba allí. No podía estar. Y nunca volvería a estar allí. Tuve la sensación de que el corazón y el estómago se me caían a los pies al mismo tiempo. Sentí escalofríos, después calor, después me sentí sobrecogida... y después profundamente vacía. Lo que siguió a continuación fue la cruda emoción más inesperada e incontrolable que había sentido en años. Una oleada tras otra de mera tristeza llenó mi pecho, vaciándolo con sollozos explosivos que no podía controlar. Por mucho que intentara detenerlo, o incluso calmarlo, lo único que pude hacer fue doblarme en posición fetal y convulsionar.

Mamá siempre había estado a distancia de una llamada telefónica, y yo siempre la había llamado sin importar en qué lugar del mundo estuviera. Cuando necesitaba unas buenas carcajadas; cuando solo quería saber lo que sucedía en nuestra familia; cuando quería ponerle al día sobre Catherine y Sophia y todas sus últimas travesuras; cuando era Semana Santa, Acción de Gracias, Navidad, su cumpleaños, o el Día de las Madres. Yo siempre llamaba.

Y ella me llamaba a mí.

Habían pasado siete meses desde que mi hermano George me había ayudado a hablar con ella por FaceTime en mi cumpleaños, cuando sus últimas palabras para mí fueron: "Te amo". Siete meses desde la noche de la fiesta de mi cumpleaños cincuenta, cuando me había perdido múltiples llamadas de mi hermano Andrew y después vi un mensaje de texto que simplemente decía: "Mamá ya no está". Siete meses desde que nuestra familia había volado hasta Sídney, y todos hicimos que descansara al lado de mi papá.

Me levanté de la hamaca, y medio doblada entré a la casa dando tumbos. Cuando bebí un vaso de agua y me lavé la cara, esperaba de algún modo desenredar el nudo que tenía en el estómago y calmar mi corazón roto. Pero no pude. Lo único que pude hacer fue enfocarme en cuán inesperado fue todo eso, cuán fuera de lugar estaba. Yo había llorado en su funeral, cuando estábamos todos juntos, de modo que ¿por qué estaba sucediendo otra vez, y tan profundamente?

Mi mente se dirigió a todas las fotografías que había agarrado en la casa de mi mamá y había traído a mi casa, las que ella había prometido distribuir para nosotros, pero nunca lo hizo. Las había sacado del armario de su cuarto un par de días después de su funeral, cuando mis hermanos y yo, y nuestras familias, nos reunimos en su casa para organizar sus cosas y comenzar a preparar su casa para venderla. Yo había prometido a George y Andrew que me ocuparía de la tarea de agrupar lo mejor que pudiera todas sus fotografías para cada una de nuestras familias.

Quizá esa sería una manera de poder controlar mis emociones y hacer algo constructivo al mismo tiempo...

LA FOTOGRAFÍA INESPERADA

Tras encontrar dónde había apilado Nick las cajas en el garaje, puse algunas en el piso y me senté para comenzar a categorizar su contenido. Había que organizar setenta y ocho años de recuerdos captados, e incluso más que mamá había heredado de nuestros abuelos, tíos-abuelos y tíos.

Al abrir la primera caja di un profundo suspiro, intentando fortalecerme contra la oleada de tristeza que casi con toda seguridad me esperaba. Al agarrar la primera foto, me encontré mirando fijamente una fotografía de mi papá. Lucía tal como yo lo recordaba, siempre bien parecido. Era una fotografía en blanco y negro como la que mamá había tenido enmarcada en su mesilla de noche durante los últimos treinta y dos años: desde que él había fallecido. Me la imaginé dándole las buenas noches cada día, charlando con él de todos los asuntos de la vida, hablándole sobre todos los nietos que él nunca conoció, y finalmente diciéndole que lo vería pronto. Qué reencuentro debieron haber tenido mamá y papá. Siempre había estado orgullosa del modo en que ella había encontrado la manera de recoger los pedazos cuando él murió, aunque sé que en su corazón nunca lo soltó, que él nunca dejó de ser el amor de su vida. Me encontré sonriendo en medio de las lágrimas al pensar en ellos dos juntos otra vez.

Poniendo a un lado la foto de mi papá, saqué un montón de fotografías en blanco y negro. Eran tan viejas y tan frágiles, que rápidamente las reconocí como las que sus padres le habían dado a mi mamá. Las puse en una tapa de caja y no las toqué por temor a que se rompieran en pedazos.

Mientras revisaba una caja tras otra, todas las imágenes revelaban la línea de tiempo de nuestra historia familiar.

Había fotos de mamá cuando era pequeña en Egipto.

Había fotografías de ella en un barco que se dirigía a Australia. Solamente tenía dieciséis años en ese tiempo, un año mayor que Catherine ahora. Sus padres tenían solo el dinero suficiente para meter en un barco a ella, su hermano y su hermana, mientras ellos se quedaron atrás. El plan era que mi mamá trabajara y ahorrara dinero suficiente para que ellos pudieran viajar, y así lo hizo. No puedo imaginar con dieciséis años tener que abandonar a toda tu familia y tus amigos para conseguir un empleo en un país extranjero; llevar el peso de esa responsabilidad. Mamá había sido muy valiente, pero conseguir que ella hablara de esa parte de su vida era casi imposible. Había muchas cosas de las que mi familia nunca hablaba.

Había fotografías del noviazgo y la boda de mi mamá y mi papá. A mi papá le encantaba contar la historia de que él estaba prometido a otra mujer cuando los dos llegaron a Australia. Cuando poco tiempo después rompieron, un amigo mutuo le presentó a mi mamá. Él siempre decía que Dios usó a la otra mujer para llevarlo a él a Australia para que pudiera conocer al amor de su vida.

Había una caja de todas las fotografías de nuestra niñez en la escuela. ¿Qué sucede con las fotografías escolares? ¿Por qué todo el mundo parece lucir tan torpe? Revisándolas todas e intentando ponerlas en orden cronológico, quería ver cómo habíamos cambiado los tres con el paso de los años. En cada una de las mías me encontré mirando mis propios ojos, como si estuviera examinando algo; y lo encontré. Otra persona quizá nunca lo habría notado, pero yo sí. Podía ver a la pequeña que había aprendido a ocultarse tanto. Podía ver todo el dolor que había detrás de todas aquellas sonrisas.

Y también había muchas fotografías. Muchos acontecimientos...

Cuando papá compró un auto nuevo.

Cuando a Andrew se le cayó un diente.

Cuando George se graduó de la secundaria.

Fotografías de mamá y yo. Y muchas de primos. A nuestra familia le encantaba cualquier excusa para hacer una fiesta, comer y bailar, de modo que los cumpleaños siempre involucraban a incontables primos y grandiosas celebraciones.

Mi década favorita era la de 1970. Todo el mundo lucía muy chistoso con camisas psicodélicas, pantalones de campana y zapatos de plataforma. No puedo creer la ropa que mi mamá me ponía. ¿Cuántos colores puede ponerse una persona al mismo tiempo?

Y después estaba la permanente en mi cabello en la década de los ochenta. ¿Qué era todo aquello? Y los vestidos de tafetán que tenía que ponerme en cada ocasión formal. Las madres griegas estaban obsesionadas con vestir a sus hijas de tafetán: verde, rojo, azul, cada color del arco iris. Hasta la fecha, tengo aversión por la tela brillante, crujiente y que pica.

Toda esa experiencia de organizar fotografías fue extraña, muy extraña, y llena de emociones inesperadas. En un momento me reía histéricamente, y al siguiente lloraba desde las profundidades de mi corazón. Minutos llenos de gratitud daban paso a momentos de dolor desgarrador. Así es como funciona la tristeza. Así de inesperada e impredecible es.

No estaba totalmente segura de que mi idea de organizar las fotografías fuera una buena idea, pero ya que había comenzado, quería seguir adelante. Alcancé la caja siguiente y quité la tapa, y encima del todo había una foto que no había visto en décadas. Era de mamá, la única de mamá, embarazada. Creo que de niña la había visto una vez, pero nunca supe de quién de nosotros estaba embarazada esa vez. Cuando le pregunté a mamá por esa foto, ella me apartó a un lado, evitando cualquier tipo de respuesta clara.

Pero mamá era siempre de ese modo, imprecisa, evasiva e incómoda cuando le preguntábamos sobre nuestro comienzo en la vida. Ella nunca quería que viéramos fotografías juntas cuando yo era pequeña; y cuando crecí lo bastante para ser curiosa y hacer preguntas sobre estar embarazada, como si sentía náuseas cuando estaba embarazada o cómo era tener un bebé, ella redirigía cada conversación. Yo me había criado en un hogar lleno de amor y lleno de secretos. Todos en mi familia extensa sabían que George y yo fuimos adoptados. Todos en el barrio lo sabían. Pero George y yo no lo sabíamos. Mis padres nunca lo mencionaron.

Cuando yo tenía treinta y tres años y George tenía treinta y cinco fue cuando supimos la verdad. Fue devastador para los dos, pero con el tiempo llegamos a entender el razonamiento de mis padres, aunque siguió siendo doloroso. Ellos sentían que al no decirnos nada nos estaban protegiendo, nos estaban amando, y nos estaban proporcionando una burbuja de seguridad en donde crecer. Aun así, fue difícil pensar que todos los demás lo sabían excepto nosotros. Durante décadas.

Cuando regresé a casa para el funeral de mamá, visité su barrio de toda la vida y a su mejor amiga durante cuarenta y cinco años: Carmel. Mientras charlábamos y nos consolábamos mutuamente, ella volvió a contar una historia que atesoro hasta la fecha. Dijo que mi abuela fue quien respondió la llamada del hospital, dejando saber a nuestra familia que había nacido un bebé y que iba a ser entregada en adopción. Según dice la historia, mi abuela salió corriendo afuera gritando a Carmel y a mi madre, que estaban tomando té en el jardín trasero: "¡Tenemos una niña! ¡Tenemos una niña!". Volver a escuchar esa historia me hizo sentirme muy amada.

Mientras estaba allí sentada sosteniendo esa foto, viendo cuán feliz se veía mi mamá, no pude evitar sonreír. Era de Andrew de quien estaba embarazada, y yo me alegraba de que pudiera haber dado a luz a uno de nosotros, especialmente después de aceptar que nunca podría tener hijos propios. Qué maravilloso para ella recibir una sorpresa tan inesperada. Puedo imaginar el asombro que supuso, tanto para ella como para mi papá.

Acercándome otra vez contra la pared del garaje, cerré los ojos y me enfoqué en una sola cosa: exhalar. Estaba totalmente agotada, y sin embargo, contenta también por todos los recuerdos. En lo profundo de mi ser, por alguna razón sabía que necesitaba hacer eso *ahora*, y no siete meses antes cuando mamá había muerto. El *momento oportuno* es tan importante como *hacer*, cuando se trata de seguir a Dios. Incluso si no vi venir nada de esa tristeza, atravesarla fue exactamente lo que Dios había planeado para mí.

En mi mente aún podía ver la fotografía de mamá embarazada de Andrew, y mis pensamientos vagaron hacia pensar cómo podría haber lucido mi madre biológica cuando estaba embarazada de mí. En cierto modo, no podía imaginarla tan contenta como se veía mi mamá en esa foto, en especial porque sintió la necesidad de entregarme. No había pensado en ella en años, pero me encontré preguntándome si ella pensó alguna vez en mí, si se preguntó alguna vez qué había sido de mí. Fue entonces cuando sentí un dolor, un profundo dolor, que se asentaba en mi interior.

LA TRISTEZA INESPERADA

Durante las dos semanas siguientes, mientras intentaba plasmar gran parte de mi corazón y muchos de mis pensamientos en las páginas de este libro, experimenté oleadas de tristeza inesperada. A veces era tan aguda que tenía la sensación de que mi corazón podría romperse en dos.

A medida que intentaba examinar mis sentimientos y mis recuerdos, mi mente seguía regresando a esa fotografía de mi mamá embarazada, y no podía evitar pensar en mi madre biológica. Una y otra vez, y otra. En algún momento en medio de todo ello, lo entendí. *Quizá hay algo más en esto que solamente dolerme por mi mamá. Quizá ahora que mamá no está es momento de profundizar en quién es mi madre biológica.*

Nunca sabemos cuándo usará Dios un evento inesperado para desencadenar algo en nosotros, para entregarnos una invitación a acercarnos a Él, para tratar algo que ha permanecido latente e intacto en nuestros corazones durante años. En lo más profundo, aunque aún no tenía una verdadera comprensión, sabía que me había topado con algo y le pedí a Dios que me ayudara. Lo que no sabía era que Él estaba a punto de llevarme a otro viaje inesperado.

No mucho después del Día de las Madres, unos amigos vinieron a cenar. En el curso de nuestra conversación, ellos compartieron que su hijo adoptado pasó por un periodo de preguntas y búsqueda, y que una consejera especializada en problemas de familias de origen había ayudado tremendamente. Yo nunca había oído de una persona así; ¿una consejera cristiana de familia de origen? ¿Qué quería decir eso? Nuestros amigos explicaron que la consejera tenía más de veinte años de experiencia en ayudar a personas a encajar pistas del pasado para entender mejor el presente. Tras las turbulencias emocionales de las dos últimas semanas y sentirme consumida por tantos pensamientos sobre mi madre biológica, estaba intrigada.

Mis amigos no sabían lo que yo había experimentado, pero Dios sí lo sabía. En muchos momentos en mi vida cuando necesité información, comprensión y respuestas, Dios me había guiado a alguien que pudiera ayudar. Él estaba ahí otra vez y, como siempre, su momento era perfecto: la persona adecuada en el momento correcto con la conexión correcta al paso siguiente. Yo sabía que Dios no tenía intención alguna de exponer un lugar delicado en mi corazón sin querer sanarlo.

Al escuchar a nuestros amigos compartir la gran ayuda que había sido esa consejera para su familia, y ahora que mi mamá ya no estaba, tuve una sensación de liberación para ir en busca de más detalles. Después de todos aquellos años, aunque conocía varios hechos sobre la vida de mi madre biológica, parecía que había llegado el momento de profundizar un poco más en *quién* era ella, y quizá cómo eso había afectado la persona en quien me había convertido. Y tras dos semanas de estar acorralada por episodios de tristeza, sabía que no quería que el agudo dolor del quebrantamiento se volviera crónico. Surgió en mí la esperanza en que Dios me estaba guiando a la persona adecuada para seguir este viaje conmigo.

UNA CONEXIÓN INESPERADA

Cuando llegué a mi primera cita y la consejera me invitó a entrar, ocupé el asiento que ella me ofreció cerca de las ventanas. Descubrí que estar allí era extrañamente consolador. Siempre es difícil revelar tus pensamientos privados a un completo desconocido, pero esa mujer era diestra en hacer que las personas se sintieran seguras. Estaba dispuesta a revelar cualquier misterio que quienes acudían a verla intentaban desenterrar, y yo estaba agradecida por eso. Tenía la seguridad de estar en el lugar correcto y en el momento correcto. Cuando comencé a mostrarle informes médicos y documentos de trabajo social que había llevado conmigo, pedazos de mi pasado que no había compartido con nadie en años, ella me aseguró que exploraríamos cualquier cosa que hubiera que descubrir.

Durante el curso de las siguientes visitas, la consejera demostró ser la guía sabia y perceptiva que mis amigos habían descrito, y mucho más. Estaba claro por sus años de experiencia que ella sabía cómo leer entre todas las líneas de información que yo le había dado. Describió patrones de conducta para que yo los considerara, y durante una de las citas dejó caer una bomba de perspectiva que yo nunca había tenido en cuenta: "Christine, ¿te das cuenta de que probablemente tu madre biológica fue explotada por tu padre, y aquí estás tú rescatando a mujeres en todo el mundo de ser explotadas también?

"Tu madre tenía veintitrés años, y tu padre era un exitoso hombre de negocios de cincuenta y cinco años con esposa y una familia. Él le triplicaba la edad, era lo bastante mayor como para ser su padre. Por mis años de experiencia, te garantizo que aquella no fue su primera indiscreción. Los informes indican que ella vivía en alojamiento para inmigrantes y tenía estudios solamente de la escuela primaria. ¿Te das cuenta de cómo todo eso le hacía ser extremadamente vulnerable y estar en riesgo?".

Mientras estaba sentada escuchando su evaluación inicial de los documentos que yo le había dado, estaba anonadada. Yo nunca habría teorizado con que mi madre biológica posiblemente fue explotada, igual de vulnerable que las mujeres a las que alcanza A21 cada día. Siempre la había imaginado asustada, sola y avergonzada cuando quedó embarazada de mí, pero nunca había pensado en ella como una víctima en potencia, como alguien similar a las mujeres a las que soy llamada a ayudar.

"Si su relación fue consentida o no", continuó ella, "si se encontraron una vez, dos veces o más, tu madre probablemente buscaba una figura paterna, afecto, protección o provisión. O quizá todas esas cosas. Él estaba en una posición de poder y fuerza. Y el hecho de que él no estuviera en tu nacimiento, y que su nombre no esté en tu certificado de nacimiento, muestra que ella se las tuvo que arreglar sola".

Por primera vez en mi vida sentí compasión por mi madre biológica, casi el mismo tipo de ternura que tenía en mi corazón por mi mamá. Fue totalmente inesperado: una profundidad de empatía que no había conocido antes, y en un nivel distante, quizá amor. ¿Cómo podía amar a una mujer a la que nunca había conocido?

Me sentí como su protectora. Quería regresar en el tiempo y ayudarle, estar a su lado y hacerle saber que no estaba sola. En años pasados había pensado en lo que podría haber sido para ella llegar al hospital y pasar sola por la experiencia de dar a luz. Había imaginado que sintió vergüenza, y quizá había soportado esa pesada carga durante toda su vida. Pero nunca había reunido tantos conceptos a la misma vez. Y hasta ese momento, nunca había sentido tanta misericordia.

No pude evitar comenzar a formar una imagen de ella que se parecía a las mujeres rescatadas mediante el trabajo de A21. Cuántas veces me había sentado con ellas, les había escuchado y me había dolido por sus vulnerabilidades como mujeres que fueron atraídas con promesas de un presente mejor, un futuro más esperanzador, si solamente acataban algún plan que las atrapaba en un lugar en el que nunca tuvieron intención de estar.

"De todas maneras en que se evalúe, Christine, fue una relación muy desigual. Él la manipuló; se aprovechó de ella."

Aunque yo no tenía modo alguno de saber exactamente lo que sucedió, comprender que mi madre biológica estaba en igual riesgo de ser explotada como las mujeres a las que yo ayudo a rescatar fue asombroso. Pensar en la idea de que una mujer tan vulnerable me dio a luz a mí, alguien que pelea precisamente contra las mismas injusticias que esa mujer pudo haber experimentado, fortaleció mi propósito y mi resolución. No podía regresar en el tiempo para ayudar a mi madre biológica, pero podía mantenerme fiel al trabajo de A21 y proseguir para ayudar a quienes aún necesitan ser rescatadas.

SÍ: SIEMPRE, HOY, CADA VEZ QUE PREGUNTES

Fue difícil examinar todas las emociones que esa revelación evocó en mí. Nuestra relación con nuestra madre es profundamente compleja, y la mía lo era aún más. Pero sé de dónde viene mi ayuda, así que, como es mi costumbre, acudí a Jesús y a su Palabra.[1] Necesitaba su entendimiento, y tenía confianza en que Él quería mostrarme algo.

Abriendo mi Biblia con mi diario al lado, comencé a leer en Juan 5, donde lo había dejado el día anterior:

> Había allí, junto a la puerta de las Ovejas, un estanque rodeado de cinco pórticos, cuyo nombre en arameo es Betzatá. En esos pórticos se hallaban tendidos muchos enfermos, ciegos, cojos y paralíticos. Entre ellos se encontraba un hombre inválido que llevaba enfermo treinta y ocho años.
>
> Juan 5:2-5

Durante más tiempo del que Jesús había tenido vida, este hombre había estado bajo uno de los cinco pórticos que rodeaban el estanque, donde los pobres, marginados, enfermos, paralíticos y ciegos se habían reunido con la esperanza de ser el primero en llegar al estanque cada vez que las aguas se movían; como decía la leyenda, el primero en entrar en el agua sería sanado. Durante treinta y ocho años, este hombre se había sentido impotente para moverse o cambiar, destinado a estar a merced de todos los demás.

> Cuando Jesús lo vio allí, tirado en el suelo, y se enteró de que ya tenía mucho tiempo de estar así, le preguntó: ¿Quieres quedar sano?

> Juan 5:6

Las palabras parecieron saltar de la página. *¿Quieres quedar sano?* No pude evitar reírme en voz alta.

Jesús, no puedes decirlo en serio. Yo estoy sana. Escribí un libro titulado Inavergonzable. *¿Cuánto más podría haber? Hemos diseccionando cada parte de mi ser, cada rincón de mi corazón, y lo hemos mostrado para que el mundo entero lo lea. Solamente quería explorar más sobre mi madre biológica, y no ser trastornada otra vez de dentro hacia fuera.*

Pero las palabras seguían resonando en mi corazón: *¿Quieres quedar sano?*

Ya había estado en esa posición antes. Las veces suficientes para saber que habría mayor fruto al otro lado, mayor recompensa que sería mucho más abundantemente superior a lo que yo podía pedir o pensar, como Él promete.[2] Las veces suficientes para saber que el camino de ascenso es siempre hacia abajo; el camino hacia fuera es siempre hacia dentro. Las veces suficientes para saber que Él siempre obra más profundamente en mí antes de obrar más ampliamente por medio de mí, cuando me está preparando para impactar a más personas.

Sí, Señor, quiero quedar sana. Siempre. Hoy. Y cada vez que me preguntes en el futuro.

Sabía que esa no sería la última vez que Él me preguntaría, porque siempre hay más: más sanidad, más intimidad con Jesús y más eficacia para Jesús. Siempre hay más transformación, más santificación y más libertad. Algunas veces, abrazar este "más" significa ir más profundo y cortar algunas cosas, parecido a lo que compartí en *Inavergonzable*. Otras veces, abrazar más es parecido a examinar tejido cicatrizal o encontrar una magulladura que hay que cuidar, como fue para mí en este periodo. Pero sin importar cuál sea la profundidad de nuestras heridas, la promesa de Dios para nosotros permanece: "restaura a los de corazón quebrantado y cubre con vendas sus heridas" (Salmos 147:3).

Cada vez que Jesús me ha invitado a más sanidad, ha sido inesperado. A pesar de cuántas veces su invitación ha llegado, a pesar de cuántas veces he enseñado sobre el tema, aún así puede agarrarme fuera de guardia. Puedo sentirme como el hombre que estaba tumbado junto al estanque, sorprendida por una pregunta inesperada. Cuando Jesús se encontró con él, Jesús no le ayudó a moverse hasta el borde del estanque ni le dio dinero para comprar comida, como podríamos esperar. No, Jesús hizo una pregunta que fue directamente al corazón: "¿Quieres quedar sano?".

Ahora bien, tengo que hacer una pausa y reírme ante las débiles habilidades pastorales de Jesús. Toda iglesia tiene un pastor que visita a los enfermos en el hospital, y estoy segura de que si él o ella tuvieran como hábito el preguntar "¿quieres quedar sano?", se vería en el horizonte una reubicación. No se puede ser el líder de cuidado pastoral y tener un cero en trato con los pacientes. Estoy segura de que el manual de entrenamiento para las visitas hospitalarias indica claramente cómo acercarse al enfermo, y tengo serias dudas de que la pregunta directa de Jesús con una respuesta insultantemente obvia esté en la lista de sugerencias para comenzar una conversación.

Pero, como siempre, Jesús tenía un propósito. Igual que Él tenía un propósito cuando usó la tristeza que sentí por mi mamá para guiarme a vendar lugares en mi corazón por mi madre biológica. Él estaba profundizando más, en realidad preguntando mucho más al hombre afligido: *¿Quieres realmente que las cosas cambien? ¿Estás dispuesto a aceptar todas las responsabilidades que se convertirán en una parte regular de tu vida si te sano?*

Jesús no solo estaba preguntando al hombre si quería ser sano físicamente, sino si también quería ser sano por completo. No le estaba haciendo una pregunta por única vez, sino una para toda la vida. Jesús sabe que nos resulta muy fácil acostumbrarnos a nuestras limitaciones, ser definidos por ellas, hacer concesiones por ellas, y realmente no queremos pagar el precio del cambio. Él sabe cuán fácil nos resulta conformarnos con el lugar donde estamos y vivir una vida más pequeña de lo que Él nos ha llamado a vivir.

Cuando Él me preguntó: *¿Quieres quedar sana?* me estaba pidiendo que fuera más allá de donde había sido sanada antes: más allá de todo el rechazo y el abandono del que había sido sanada y que había detallado en *Inavergonzable.* Me estaba pidiendo que fuera con Él a otro nivel.

¿Acaso no es eso lo que Él hace con todos nosotros?

Cuando clamamos que queremos casarnos, acaso no es razonable que su respuesta pudiera ser una pregunta inesperada: *¿Estás preparado para la vulnerabilidad y la transparencia de estar en una relación?*

O cuando oramos por nuevos amigos, Él podría preguntar: *¿Estás dispuesto a arriesgarte e invertir tu tiempo y tu corazón... sin ninguna garantía?*

Clamamos a Él queriendo avanzar, pero hemos de pensar cómo responderíamos si Él nos preguntara: *¿Quieres soltar el pasado de una vez por todas, incluyendo perdonar a todas las personas que te han herido? ¿Estás dispuesto a hacer el trabajo de destapar la amargura y desarraigarla por completo? ¿Estás dispuesto a dejar de intentar controlar cada faceta de tu vida? ¿Y a hacer más espacio para mí?*

Sé que decir sí a las preguntas inesperadas de Jesús podría ser difícil, pero decir sí es siempre el modo de avanzar. Es muy fácil conformarnos con donde estamos, sentirnos cómodos con las cosas tal como están. Es muy fácil quedarnos estancados.

Estancados.

Ese es el estado que quedó expuesto por la respuesta del hombre a la pregunta de Jesús. Cuando Jesús le preguntó si quería ser sano, el hombre no dijo: "¡Sí! ¡Por fin! ¿Estás de broma? Claro que quiero. ¿Quién no querría ser sano?". "Señor —respondió—, no tengo a nadie que me meta en el estanque mientras se agita el agua y, cuando trato de hacerlo, otro se mete antes" (Juan 5:7). ¿Ves lo que él hizo aquí? Regresa a la frase y vuelve a leerla. Cuando Jesús le ofreció libertad, el hombre se enfocó en sus limitaciones. Estaba tan consumido por su problema, que no podía abrazar la milagrosa posibilidad que literalmente lo miraba directamente a la cara.

Cuando Jesús nos plantea su pregunta inesperada, tenemos una decisión que tomar. Podemos enfocarnos en nuestras limitaciones y problemas, o abrazar la milagrosa posibilidad que Él nos ofrece. Podemos alejarnos y declarar un resonante "no", o acercarnos proclamando un fuerte sí. Cuando Jesús me preguntó si quería quedar sana, yo podía haberlo descartado o haber puesto una excusa. Podía haberme ocupado en otras cosas, haber encerrado mis emociones en compartimientos, y negarme a "ir allí" en mi corazón, justificando mi decisión de muchas maneras. Pero, contrario al hombre en el estanque, yo conocía el valor de la sanidad. Sabía que habría más libertad esperándome al otro lado. Sabía que mi sanidad no se trataba solo de mí, que había personas que alcanzar más allá de mí misma. Por lo tanto, dije sí.

Es fácil enfocarnos en nuestras limitaciones en lugar de en nuestra libertad, estar consumidos con nuestro "problema en el estanque" en lugar de la esperanza de la sanidad de Jesús. Es fácil dejar pasar su invitación, estar tan enfocados en todo lo que va mal que seamos incapaces de ver el milagro que Jesús nos ofrece. Es más fácil mantener nuestros ojos fijos en nuestras limitaciones:

- No fui a la escuela correcta.
- No sé hacer otra cosa.
- No tengo los estudios suficientes.
- Estoy atrapado en esta ciudad.
- No vengo de una familia acomodada.
- No tengo profesión, ni habilidades.
- No sé por dónde comenzar.

Lo único que ese hombre había conocido era su enfermedad; su dolor y su lugar de limitación eran su zona de comodidad. En lugar de declarar un sí entusiasta, culpó a otros de su situación y se aferró a su condición.

Es increíble, ¿no es cierto? Pero la verdad es que todos hemos estado en ese lugar. Todos hemos hecho eso.

Hemos atenazado las razones por las que no podemos cumplir nuestro propósito.

Nos hemos aferrado a nuestro enojo o decepción, falta de perdón u ofensa, amargura o rechazo, adicción o avaricia.

Todos hemos encontrado maneras de adaptarnos a nuestro quebrantamiento en lugar de arriesgarnos a las responsabilidades de estar sanos. Nos resulta mucho más fácil escribir un post y un hashtag sobre estar heridos que correr el riesgo de ser sanados.

¿Cuántas veces nos hemos quedado donde estábamos y hemos culpado a alguien o a algo de nuestra desgracia? ¿A nuestro cónyuge o nuestros hijos? ¿A nuestro compañero de trabajo o nuestro jefe? ¿Cuántas veces hemos creído que estar atascados no era culpa nuestra, y todo el tiempo Dios nos estaba mostrando el modo de avanzar?

Cuando el hombre esquivó la pregunta directa de Jesús, Jesús simplemente ignoró su respuesta y le dio una orden: "Levántate, recoge tu camilla y anda —le contestó Jesús. Al instante aquel hombre quedó sano, así que tomó su camilla y echó a andar" (Juan 5:8).

Pensemos en eso por un momento. Si hubieras estado tumbado en una camilla por treinta y ocho años, ¿qué representa para ti esa camilla? ¿Cómo te sentirías si alguien intentara quitártela? ¿Puedes imaginar tu vida sin ella? Esa camilla era la seguridad del hombre, y quizá la única fuente de consuelo que él había conocido jamás. Por lo tanto, cuando Jesús ordenó al hombre que se levantara y recogiera su camilla, no solo estaba sanando su cuerpo, estaba retando su sensación de seguridad. También estaba retando la fuente de su identidad como una víctima indefensa. Eso era lo que estaba tras la pregunta de Jesús desde un principio. No solo: *¿quieres quedar sano?* También: *¿Estás dispuesto a renunciar a esta vieja identidad a cambio de una nueva? ¿Estás dispuesto a renunciar a tus limitaciones a cambio de libertad? ¿A tu victimismo a cambio de victoria? ¿A culpar a* *otros a cambio de apropiarte? ¿A tus decepciones y amargura a cambio de gracia y perdón?*

"¡Levántate! Recoge tu camilla y anda."

Cuando Jesús lo sanó, el hombre había estado tumbado al lado de un estanque llamado Betesda, un nombre que literalmente significa "Casa de Misericordia" en hebreo, o "Casa de Gracia" en arameo. Cuando Jesús sanó al hombre, le ministró misericordia y gracia. Cuando Jesús nos sana, nos muestra la misma misericordia y gracia, y quiere que la recibamos con los brazos abiertos. Él quiere ayudarnos a llegar al lugar donde, en cada área de nuestra vida y nuestro corazón, lleguemos a entender que lo que Dios ha hecho *por* nosotros es más grande que lo que otros nos han hecho a nosotros. Donde lo que Dios ha dicho sobre nosotros es mayor que lo que otros han dicho *sobre* nosotros o *a* nosotros. *¿Quieres quedar sano?* es una pregunta que Jesús hace una y otra vez a lo largo de nuestra vida, y Él siempre quiere que nuestra respuesta sea: *¡Sí!*

OTRA INVITACIÓN INESPERADA

Soy más consciente que nunca de que nada puede cambiar los acontecimientos que me llevaron a la camilla en mi vida, que nada puede cambiar que una mujer me dio a luz y fui adoptada por otra. Pero sé que la misericordia y la gracia son lo que me hicieron levantarme y caminar, y la misericordia y la gracia son lo que ha seguido abriendo puertas de destino en mi vida.

Cuando Jesús me hizo una invitación a recibir más sanidad, sacó a la luz heridas maternas que yo ni siquiera sabía que estaban ahí. En su gran misericordia y compasión, quiso ayudarme. Cuando retrocedí en el tiempo para explorar más sobre mi madre biológica, encontré otro lugar en mi corazón donde estaba tumbada en la camilla. Y cuando lo hice, dije sí a Jesús, recogí mi camilla y volví a caminar.

Me alegra mucho que no fuera la primera vez que Él me había preguntado si quería quedar sana de algo, y estoy segura de que no será la última. En esta etapa de mi vida, debido a que he pasado por muchas cosas y he sido sanada de mucho, es más una pregunta esperada que inesperada. Y así lo quiero. Quiero que mi siguiente periodo en la vida, de matrimonio, maternidad y ministerio, sea incluso más fructífero que el último. No quiero perderme nada que Dios tenga para mí; y sé que Él tampoco quiere que me pierda nada.

No mucho después de atravesar este proceso, Dios hizo algo muy especial por mí. Sentí como si Él me diera la mayor de las sonrisas, un regalo inesperado que me tocó muy profundamente. Abrí mi correo electrónico para encontrar una invitación a Mumbai, India. Iba a tener el honor de recibir el Premio Madre Teresa Memorial por la Justicia Social en nombre de A21 por nuestro trabajo en todo el mundo rescatando esclavas.

Un premio en nombre de la Madre Teresa. ¡De entre todas las personas! Si hubo alguna vez una figura materna en la historia moderna a la que honrar, sería la Madre Teresa. Fue una monja que dedicó toda su vida al trabajo misionero, que se sintió llamada a ir a los más pobres de entre los pobres, que pasó los años más fructíferos de su ministerio en las chabolas de Calcuta. Fundó una orden de monjas cuyo alcance ministerial se extiende a la dirección de orfanatos, hospicios para enfermos de SIDA y centros de caridad en todo el mundo, y al cuidado de refugiados, de enfermos, y de quienes son desplazados por las epidemias y el hambre, quienes son más vulnerables en cada sociedad. Ella fue honrada con un Premio Nobel de la Paz en 1979.[3]

La bondad de Dios me sobrecogió. La intensidad de Dios. El momento de Dios. Nada es accidental.

Mientras tecleaba mi respuesta, no pude evitar sonreír a Dios. Diría sí a esa invitación como siempre había dicho sí a la de Él, porque decir sí es siempre el camino hacia el avance, hacia más propósito, hacia más de nuestro destino.

Capítulo 10

CUANDO LO INESPERADO SOBREPASA LO QUE IMAGINAMOS

Proseguir y perseverar

———

Ninguno de nosotros sabe cuál va a ser el próximo cambio, qué oportunidad inesperada está a la vuelta de la esquina, esperando unos meses o unos años para cambiar todo el tenor de nuestra vida.

—Kathleen Norris

Revisando las noticias del día en mi teléfono, me quedé helada cuando vi las fotografías de un rescatador que sostenía el cuerpo sin vida del niño de tres años Alan Kurdi[1] en la playa en Grecia. *Era solo un niño. El bebé de alguna mamá.*

Al leer la historia, se me partió el corazón. En algún lugar en los agitados mares mientras cruzaban de Turquía a Grecia, el padre de Alan, Abdullah, había intentado abrazarse a su esposa y sus dos hijos después de que se volcara la barca en la que estaban, pero las olas los habían arrebatado de sus brazos. Como muchos otros sirios que habían hecho el mismo viaje, los tres se habían ahogado. Cuando el cuerpo de Alan fue devuelto a la playa, el mundo comenzó a tomar nota. Y yo también.

Desesperada por saber exactamente en qué lugar de la costa de Grecia había sucedido aquello, comprobé el mapa y revisé más reportes de noticias, pero regresé a la primera historia sobre Alan. Al volver a leer el artículo y mirar la fotografía, lo único en que podía pensar era su padre: un hombre desesperado por salvar a su familia del terror de la guerra, que ahora se dolía por algo más que la pérdida de su casa, su comunidad y su tierra natal. Ahora había perdido todo verdaderamente. Había perdido a su familia.

Cuando comencé a orar por él, me encontré sollozando. Ya había oído antes ese tipo de historias. Había oído de hombres valientes como Abdullah Kurdi cuando mis padres, tías y tíos hablaban de nuestra historia familiar. Mis abuelos habían huido de Izmir (Turquía) hacia Grecia y después Egipto en 1922, durante el genocidio griego. Allí, en Alejandría (Egipto), una ciudad verdaderamente cosmopolita y la puerta de entrada a Europa, trabajaron para restablecer sus vidas y criar a su familia en paz.

En 1952 los generales nacionalistas derrocaron al rey Farouk, y los Hermanos Musulmanes se convirtieron en una fuerza poderosa. Los cristianos eran una minoría perseguida, y mis padres tuvieron que salir de Egipto, igual que sus padres tuvieron que salir de Turquía. Junto con cientos de miles de otras familias griegas, inmigraron a Australia. Estoy muy agradecida por haber nacido y vivido en una nación que recibía refugiados e inmigrantes, y que le dio a nuestra familia una oportunidad de comenzar de nuevo. Mi mamá y mi papá siempre hablaban con mucha gratitud y amor por Australia.

Aunque yo no podía de ningún modo entender verdaderamente la situación de aprieto de esos refugiados sirios, podía entender que eran personas creadas a imagen de Dios que anhelaban seguridad para sus familias, que anhelaban una oportunidad de tener una esperanza y un futuro, que anhelaban paz y estabilidad. Igual que yo. Igual que tú. Ellos tenían sueños de libertad que se habían convertido en una pesadilla. Dolor inimaginable. Pérdida. Sufrimiento. Tristeza. Desesperación.

Aún llorando y aún mirando la fotografía de Alan, pude sentir que Dios quería mostrarme mucho más. Él era el niño que había captado la atención del mundo, pero ¿qué de los miles y miles de otras personas que pasaban desapercibidas? ¿Las que eran especialmente vulnerables a ser víctimas de tráfico? Después de todo, nadie busca a refugiados, de modo que nadie nota si desaparecen. Yo tenía que hacer algo. Teníamos que hacer algo. Dios nos había guiado a ubicar nuestra primera oficina de A21 en Grecia, y tenía que haber algo que pudiéramos hacer. Nick y yo llamamos a Phil, el director de operaciones de A21.

OASIS DE VIDA

A finales de 2015, Phil acompañó a nueve miembros de nuestros equipos a la frontera norte de Grecia, y lo que encontraron fue asombroso. Miles de personas, que más adelante se calculó que eran hasta mil quinientas al día, dormían en un campo abierto sin cobijo ni seguridad. Lo único que marcaba la separación entre Grecia y el país vecino era un conjunto de vías de tren y un par de líneas de árboles. En el lado griego de la frontera había un campo de papas, y al otro lado un viñedo; todo a ambos lados estaba seco, polvoriento y desolado.

Nuestro equipo había llevado con ellos a un amigo sirio llamado Omar con la esperanza de que pudiera traducir si era necesario. Cuando el joven se bajó del auto, inmediatamente vio a su hermano, un hermano al que no había visto ni con el que había hablado en más de un año. Cuando Omar gritó el nombre de su hermano y corrió hacia él, nuestro equipo observaba su reencuentro con asombro. Separados y desplazados cuando su ciudad natal fue saqueada por tropas del ISIS, no sabían si volverían a verse otra vez. Era muy evidente desde el principio que Dios estaba en todo aquello con nosotros.

Cuando Phil, su esposa Nina, Omar, y otros de nuestro equipo se acercaron al mar de personas, hablaron con ellos e intentaron determinar cuál sería la mejor manera de ayudar. Conocieron a abogados, ingenieros, diseñadores, artistas, maestros, e incluso a una famosa estrella del vóleibol. Pero en ese campo de papas eran solamente familias: padres, madres e hijos que huían para salvar sus vidas. Cuando nuestro equipo se adentró más, caminando entre grupos de familias, observó que solamente había una fuente de agua para miles de personas. Fue en ese momento inesperado cuando comprendieron que la manera más poderosa de ayudar a esas personas sería proporcionarles agua. Proporcionar agua no solo cubriría su necesidad humana más básica, sino que también daría a A21 un camino para relacionarse con ellos, hablarles sobre los peligros del tráfico de seres humanos para que pudieran mantener seguras a sus familias en el camino que tenían por delante.

Al día siguiente, Phil y los miembros del equipo Tony y Kaly se reunieron con oficiales y comenzaron a trazar un plan. Se aseguraron de que se llevarían más de quinientas toneladas de empedrado a un lugar cercano a la frontera para sostener estructuras semipermanentes. El empedrado proporcionó un cimiento para el trabajo de A21 y de otras organizaciones internacionales de ayuda, incluidos la Cruz Roja, Médicos sin Fronteras, y el Alto Comisionado de Naciones Unidas para los Refugiados (ACNUR) para levantar grandes carpas e inodoros.

En diez días, mediante el ingenioso trabajo de ingenieros y los increíbles colaboradores globales de A21, comenzamos a construir bombas de agua en contenedores marítimos: oasis de vida. Cuando uno no tiene nada, el agua lo es todo. Dentro de cada contenedor había una fila de veinte grifos que daban agua dulce para que los refugiados pudieran lavarse, para rellenar botellas de agua, para enjuagar ropa, para experimentar cierta semblanza de normalidad en un mundo que estaba patas arriba. Y como al principio los campamentos tampoco tenían electricidad, instalamos paneles solares en lo alto de los contenedores para proporcionar luz en la noche y mejorar la seguridad.

AMOR DE MADRE

En medio de la mayor migración de personas desde la Segunda Guerra Mundial, en una crisis global inesperada de proporciones épicas, nosotros teníamos la capacidad de marcar una diferencia en las vidas diarias de las personas y ayudar a salvarlas de ser potenciales víctimas de tráfico. Como refugiados, eran vulnerables. Si estuvieran buscando empleo, serían claros objetivos. El día después de que el cuerpo de Alan llegara a la costa, un policía detuvo a cuatro sospechosos de tráfico en una playa turca, una playa a la que miles de refugiados llegaban en botes esperando entrar en la línea costera de Grecia.[2] La amenaza para su seguridad era tan real en esa playa como lo era en los mares turbulentos.

Al seguir recibiendo actualizaciones de Phil, yo sabía que tenía que ir. No era suficiente tan solo con ver su desgraciada situación en televisión, leer al respecto en las noticias, o escuchar sus historias de segunda o tercera mano. Yo quería estar con ellos; quería mirarlos a los ojos y hablar con ellos, aunque fuera mediante un intérprete. Quería escuchar sus historias y hacerles saber que había personas en el mundo interesadas por su seguridad y bienestar. Igual que me gustaría haber estado con mi madre biológica en su vulnerabilidad hacía tantos años atrás, quería estar con ellos, hacerles saber que no estaban solos, hacerles saber que eran amados y valorados.

En cuanto pudimos organizarlo llegué hasta allí, y pasé primero un día siendo informada y preparada por nuestro equipo en Tesalónica. Al día siguiente emprendimos camino avanzada la tarde para visitar el primer campamento. Durante el viaje de una hora en auto, vimos autobuses que se dirigían en dirección contraria. Phil explicó que cada día alrededor de las 5:00 de la tarde se cargaban autobuses con hasta setenta personas cada vez. Las autoridades estaban transportando refugiados a otras ubicaciones donde pudieran agarrar trenes para el siguiente tramo de sus viajes; todo en sus esfuerzos por llegar a otros países en Europa, como Alemania, Suecia y Holanda, dondequiera que los aceptaran. Al escuchar sus palabras, volví a pensar en mi propia familia. Ellos también huyeron a pie, en autobús, en tren y en barco. Tampoco ellos sabían dónde se establecerían, pero sabían que tenía que ser un lugar mejor que la guerra y la muerte segura que habían dejado atrás.

Cuando llegamos y me bajé del auto, estaba muy en sintonía con la gravedad de ese momento. Al mirar alrededor y asimilar tanto como pudiera, fui consciente de inmediato de que era pleno invierno y hacía mucho frío, que yo tenía ropa calentita, un gorro y guantes para protegerme, pero ellos no. Al ver las carpas no pude evitar pensar que yo tenía en mi hogar una cama caliente, y ellos no tenían ni cama ni hogar. Yo había comido caliente antes de llegar, y ellos se habían saltado demasiadas comidas. Yo venía de terreno seco, y ellos habían atravesado un mar helado. Yo tenía sensación de seguridad acerca de mi vida, y ellos lo habían dejado todo atrás. Yo tenía libertad, y ellos no tenían ninguna. Yo sabía dónde iría cuando me fuera de allí, pero ellos no tenían certeza alguna sobre su siguiente destino.

Al ver a un grupo de voluntarios entregando mantas de abrigo a poca distancia, me sentí impulsada a acercarme a ellos. Quería ayudar de cualquier manera que pudiera. La fila, llena de padres y madres con sus hijos, parecía extenderse sin fin hacia la tenue luz del atardecer del campamento. *¿Cuántos miles de personas hay aquí?* Mientras entregaba abrigo, oí gritar a una mujer desde el otro lado de la valla que se había construido alrededor del campamento. Al girarme, me di cuenta de que me gritaba directamente a mí.

No entendía sus palabras en árabe, pero no era necesario para saber lo que estaba diciendo. Miré a sus dos hijos y entendí que me estaba rogando que les diera abrigo. Utilicé mis mejores gestos para comunicar que tenía que ponerse en la fila, pero ella seguía rogando; no iba a abandonar. *Inflexible. Determinada. Prosiguiendo entre una multitud. Buscando lo que necesitaba desesperadamente.* Me recordó a una mujer que actuó de un modo muy similar cuando acudió a Jesús en busca de sanidad, y no se detuvo hasta que tocó el borde de su manto y fue sana.[3]

Me sentí atrapada entre ayudar a quienes habían esperado pacientemente en la fila y ceder a las persistentes demandas de ella. Mirándola directamente e intentando decidir qué hacer, vi mucha desesperación. Probablemente ella estaba a más de dos mil kilómetros de su casa, dondequiera que fuera eso en Siria. Estaba sola, algo inusual para una mujer siria, y como todos los demás que estaban en la fila, había arriesgado su vida para llegar hasta ese punto. Basada en las historias que nuestro equipo de A21 había oído de muchos de los refugiados, ella probablemente pasó días sin saber cómo alimentaría a sus hijos, separada de familia y comunidad, con su esposo muerto o desaparecido. Y aunque obviamente yo no la conocía, reconocí su fortaleza. Era la misma fortaleza que causó que padres y madres como Adrián y Jayne lucharan por Fraser. La misma fortaleza que surge en nosotros para vencer el temor y aceptar lo inesperado con fe valiente. La misma fortaleza que nos permite persistir a pesar de todo, cuando sabemos que somos llamados por Dios a actuar.

De repente, inesperadamente, el instinto maternal en mí empatizó con la fiereza de su amor. Si yo hubiera sido ella, también habría gritado fuerte demandando lo mismo. También habría abandonado todos los modales de la civilización que hubiera dejado atrás, todo el protocolo de una sociedad establecida y de la cultura moderna. Yo habría hecho todo lo necesario para sobrevivir y proteger a mis hijos.

Sintiendo el frío con mi propia chaqueta, rápidamente le lancé dos mantas por encima de la valla. Sus ojos me dieron las gracias. Yo estaba sobrecogida, y fue lo único que pude hacer para no llorar desconsoladamente. Pero reprimí las lágrimas por respeto; estaba decidida a mantenerme fuerte juntamente con ellos.

Aquella noche, más que ninguna otra en los ocho años desde que comenzó A21, sentí gratitud por no haber tirado la toalla nunca y abandonado, aunque no podía contar el número de veces que no sabía...

Si tendríamos los fondos para seguir rescatando personas.

Si podríamos seguir pagando el precio que requería entrar en la oscuridad con la luz.

Si podríamos seguir soportando la intensa guerra espiritual que enfrentábamos.

Si nuestra familia podría continuar manejando las presiones de viajar tanto.

Si yo tenía lo necesario para seguir liderando una organización global contra el tráfico de personas.

Si podría soportar la decepción de personas que dejaban el trabajo donde habían prometido quedarse.

Si sencillamente tenía lo necesario para seguir adelante, por una multitud de razones.

Luchar por la justicia puede sonar muy romántico, pero ese tipo de idealismo se encuentra solamente en las novelas. El trabajo de justicia a largo plazo es sangriento, caótico, doloroso, agotador y, a veces, claramente decepcionante.

Pero después tienes momentos como aquel, cuando miras a los ojos de una madre desesperada que te da las gracias por algo tan esencial como una manta en un día brutalmente frío, y todo el trabajo, todo el esfuerzo, todo el sacrificio, todo el dolor, toda la dificultad, toda la decepción, todo el compromiso, toda la perseverancia, toda la lucha de repente vale la pena. Cada vez. Por cada uno de ellos. Porque verdaderamente, siempre se trata de ese uno. Siempre lo fue y siempre lo será. Estaba agradecida de estar ahí donde quería estar, ahí donde sentía que Dios me había llamado a estar.

¿QUIÉN SOY YO?

Hace más de una década, cuando Nick y yo comenzamos a examinar la posibilidad de establecer una organización contra el tráfico de personas, nos dieron un pronóstico terminal: *imposible.*

El estudio de viabilidad de los asesores que habíamos contratado utilizaba esa palabra diez veces en su reporte. *Diez veces.* ¿Y abrir una oficina en Tesalónica? Dijeron que era la peor ubicación que podíamos escoger. Citaron varias razones legítimas, incluyendo la falta de leyes contra el tráfico de seres humanos, la corrupción, y el tema económico.

Pero Tesalónica era la mejor ubicación europea para luchar contra la esclavitud global porque estaba en medio de la mayor puerta de entrada que seguían los migrantes ilegales hacia Europa. Los traficantes conocían esa ruta, ya que se había utilizado durante miles de años para el comercio de esclavos. Incluso el apóstol Pablo se encontró con ese cruel delito cuando se cruzó con una muchacha esclava de camino a un lugar de oración en la ciudad de Filipos, un viaje de apenas dos horas en auto al noreste de Tesalónica.[4] Igual que en los tiempos bíblicos, los traficantes modernos han estado abusando de víctimas inocentes allí durante años, atrayéndolas desde naciones empobrecidas con promesas de empleo y esperanza de una vida mejor.

¿Por qué me diría Dios que algo es imposible?

Habría sido muy fácil detenernos ahí. Nadie nos habría culpado, especialmente si hubieran leído el reporte que nosotros leímos. Pero imposible es donde Dios comienza, y milagros son lo que Dios hace. Así que comenzamos donde Dios comienza. No fue fácil poner en marcha nuestra visión, pero por la gracia de Dios seguimos adelante.

Muchas veces en el proceso de reunirnos con oficiales y rebasar obstáculos, me sentí muy poco calificada. *¿Quién era yo para abordar algo como esto?* No sabía cómo dirigir una organización contra el tráfico de seres humanos; no tenía formación en cómo rescatar esclavas. No conocía a las personas correctas; no tenía todos los recursos que necesitaba; no sabía dónde nos estaba dirigiendo Dios. Tenía que caminar por fe y no por vista. Tenía que confiar en el

Señor con todo mi corazón y no apoyarme en mi propio entendimiento. Era la madre de dos hijas menores de cuatro años en ese entonces, viviendo al otro lado del mundo, trabajando ya en un empleo a tiempo completo. No estaba buscando hacer algo más.

Pero entonces llegó este llamado inesperado de Dios. A Él le gusta sorprendernos. Yo sabía que no estaba calificada, pero estaba dispuesta y sabía que tenía que obtener mi confianza de la Palabra. Parecía haber un precedente en la Biblia cuando Dios utilizó a personas que se consideraban a sí mismas descalificadas, inseguras e incapaces. Cuando obedecieron e hicieron lo que Él los llamó a hacer, sin duda que Él recibió toda la gloria. ¿No era así Moisés? Estaba en lo más recóndito del desierto cuidando ovejas cuando Dios le pidió que regresara a su tierra natal, Egipto, para rescatar a tres millones de esclavos hebreos y llevarlos a la libertad.

Estaba yo de paso por un pequeño aeropuerto regional cuando Dios dirigió mi atención a pósteres y folletos de mujeres y niños desaparecidos. Especialmente de una niña llamada Sophia, como mi hija Sophia. Dios me estaba pidiendo que ayudara a encontrar a cientos de miles de esclavos dispersos por todo el mundo y los rescatara. ¿Cómo no iba yo a experimentar por lo menos las mismas emociones que Moisés, a plantear las mismas tres objeciones que él, que nos resultan tan familiares?

¿Quién soy yo? Moisés se sentía inseguro y yo también, y se lo indiqué a Dios con tanto énfasis como lo hizo Moisés.[1] Pero Dios le dijo a Moisés que quien fuera él no importaba tanto como quién estaba con él. Mis inseguridades no importaban más de lo que importaban las de Moisés. Lo que importaba era quién estaba conmigo, quién me había llamado. *Dios* me había llamado. Yo decidí confiar en esa verdad cada vez que me reunía con un oficial o un experto que tenía mucho más conocimiento que yo. Tuve que creer

que *mayor es el que está en mí*, y que *todo lo puedo en Cristo que me fortalece.*[6] Como en todo lo demás, tuve que confiar en la Palabra de Dios.

¿Quién eres tú, Dios? Moisés aún no conocía a Dios tan íntimamente como llegaría a conocerlo en años posteriores.[7] Así nos sucede a todos cuando comenzamos a cumplir nuestro propósito. Cada nueva iniciativa que Dios me ha llamado a comenzar ha profundizado mi relación con Él, ya fuera cuando conducía por los campos de Australia enseñando a jóvenes, formar el ministerio Equip & Empower, establecer A21, iniciar Propel, escribir libros, o lanzar un programa de televisión. A medida que he decidido proseguir, seguir creciendo en cada periodo de mi vida, he descubierto verdades más profundas sobre quién es Dios. Sigo aprendiendo que su Espíritu en mí es suficiente en cada situación, y que todo lo puedo en Cristo que me fortalece.[8] Nunca se trata de lo que yo no soy, sino más bien siempre se trata de quién es Él en mí.

No soy elocuente en palabras.[9] Aunque tenía experiencia en enseñar de la Biblia y compartir mi testimonio, nunca había hablado a las personas sobre el tráfico de seres humanos. De hecho, me sentía totalmente inadecuada para hacerlo; no conocía los términos adecuados que utilizar, ni tampoco tenía la educación apropiada que me calificara para este tipo de trabajo. ¿Cómo podía alguien tan descalificada como yo hablar sobre esclavitud a expertos en cuerpos de seguridad, gobierno, grupos comunitarios o medios de comunicación? Me sentía como Moisés cuando fue delante de Faraón, la persona con más autoridad en la tierra, para decirle que dejara ir a los esclavos. Y Dios me aseguró igual que aseguró a Moisés: *Yo te creé, y te ayudaré. Te enseñaré qué decir.*[10]

Supongo que puedes identificarte con cada uno de los temores y las preguntas de Moisés igual que yo. ¿Cuántas veces en un día común permitimos que nuestros temores nos alejen de nuestro propósito?

No soy lo bastante bueno.

No soy lo bastante talentoso.

No tengo la educación suficiente.

No tengo los recursos suficientes.

¿Y si fracaso?

Moisés incluso llegó a decirle a Dios que escogiera a otra persona.[11] Dios no envió a otra persona en lugar de Moisés, pero sí envió a su hermano Aarón para que lo acompañara y lo apoyara. Con el poder de Dios, Moisés venció sus temores iniciales y fue a Egipto para confrontar a Faraón, un rey al que tres millones de israelitas tenían un gran temor.

Por la gracia de Dios, Nick y yo también seguimos adelante, sabiendo que cualquier éxito que tuviéramos al ayudar a abolir para siempre la esclavitud en todo lugar no tendría nada que ver con nosotros o con nuestras limitaciones, sino todo que ver con el gran poder de Dios obrando en nosotros. Lo que sería imposible para nosotros sería posible para Dios, porque para Dios todas las cosas son posibles, y nada es imposible.

LA VALENTÍA PARA CONFIAR

Confiando en Dios, Moisés (y Aarón) fueron a Egipto, donde Aarón les habló a los ancianos hebreos del plan de Dios de que Moisés confrontara a Faraón y condujera a los esclavos hebreos a la libertad. Juntos, fueron ante Faraón: la primera de once veces.

Su primera visita fue para preguntar si el pueblo hebreo podía asistir a un festival en el desierto; y Faraón, desde luego, dijo que no. Tenía a tres millones de obreros esclavos y no tenía intención alguna de renunciar a su fuerza laboral cautiva, aunque fuera para un breve festival. Fue aquí donde Dios intervino para darle a Faraón una lección práctica.

> Aarón arrojó su vara al suelo ante el faraón y sus funcionarios, y la vara se convirtió en serpiente. Pero el faraón llamó a los sabios y hechiceros y, mediante sus artes secretas, también los magos egipcios hicieron lo mismo: Cada uno de ellos arrojó su vara al suelo, y cada vara se convirtió en una serpiente. Sin embargo, la vara de Aarón se tragó las varas de todos ellos. A pesar de esto, y tal como lo había advertido el Señor, el faraón endureció su corazón y no les hizo caso.
>
> Éxodo 7:10-13

¿Puedes imaginar estar en las sandalias de Moisés? Finalmente estuvo de acuerdo en esa tarea de presentarse ante el hombre más poderoso de la tierra, confió en que Dios intervendría, y entonces, *¡boom!* Los magos de Faraón mostraron un poder que era aparentemente igual al de Dios. ¿Cómo pudo suceder? Y después las cosas empeoraron.

El corazón de Faraón se endureció, tal como Dios había dicho que sucedería, y ordenó que los israelitas siguieran haciendo ladrillos, pero ahora sin paja, una materia fundamental para hacer ladrillos. Parecía que lo único que la obediencia de Moisés había logrado hacer con éxito era intensificar el sufrimiento del pueblo al que trataba de liberar. No hace falta decir que los israelitas mismos no estaban muy contentos con Moisés.

En las diez visitas siguientes, Moisés apeló a Faraón para que revirtiera su decisión. Con cada visita, Moisés tuvo que seguir dejando a un lado sus temores al enfrentarse al hombre más poderoso en la tierra; y cada vez que Faraón endurecía su corazón, Dios golpeaba la tierra con una plaga. Con cada esfuerzo que hacía Moisés, las cosas iban de mal en peor.

Y sin embargo, Moisés persistió. Cuando Moisés confrontó a Faraón, caminó en fe y no en temor, porque: "Por la fe salió de Egipto sin tenerle miedo a la ira del rey, pues se mantuvo firme como si estuviera viendo al Invisible" (Hebreos 11:27). Confrontar el temor nunca termina, pero ser controlado por él puede terminar. Sé que ya he dicho esto antes, pero no puedo decirlo demasiadas veces.

A menudo, cuando las cosas empeoran antes de mejorar, cuando son más difíciles antes de ser más fáciles, más oscuras antes de ser más luminosas, dudamos. Dudamos de Dios; dudamos de su llamado; dudamos de su fidelidad. Abandonamos. *Supongo que Él no abrió esa puerta. Supongo que Él no me llamó. Supongo que esto no es su voluntad.* ¿Cuándo dijo Dios que sería fácil? ¿Cuándo dijo que no requeriría esfuerzo? A continuación hay algunas cosas que he aprendido una, y otra, y otra vez mientras he seguido a Dios:

Puertas cerradas no significa que Dios no esté abriendo un camino.

Mayor costo no significa que Dios no esté llamando.

La presencia de una batalla no significa la ausencia de Dios en la guerra.

Las pruebas no significan que estemos fuera de la voluntad de Dios.

De hecho, con frecuencia significan que estamos precisamente en el centro de la voluntad de Dios, donde hemos de estar y haciendo exactamente lo que hemos de estar haciendo. Peleando la buena batalla de la fe. Estando firmes. Creyendo. Porque Él está obrando en todas las cosas para nuestro bien.[12]

A medida que Nick y yo, y nuestro equipo en Grecia, seguimos dando pasos de fe, a menudo nos topamos con obstáculos inesperados. Parecía que constantemente éramos redirigidos, algo que creo que es una experiencia común en la vida cristiana. Cuando decimos sí a Dios, a los sueños e ideas que Él pone en nuestro corazón, los caminos son con frecuencia serpenteantes, empinados, inexplorados, y llenos de baches. Frecuentemente se requieren desvíos inesperados, del tipo de los que no aparecen en ningún mapa. Y a veces parece que toma mucho más tiempo del que esperábamos para llegar. Así fue cuando lanzamos A21.

Muchas veces habría tenido mucho más sentido abandonar, pero Dios estaba obrando para posicionarnos y prepararnos. Y ocho años después, se desató la crisis global de refugiados, un evento histórico con una oportunidad única en la vida para ayudar a personas, Dios nos mostró cuán fiel es Él, especialmente cuando no abandonamos.

Cuando Moisés respondió al llamado de Dios, estaba consumido por la inseguridad y el temor a un rey enemigo poderoso. Pero cuando sacó de Egipto a los hijos de Israel, ya no tenía temor a la ira del rey o a lo que el rey pudiera hacerle.[13] No tenía miedo y estaba lleno de confianza porque su confianza estaba en Dios. Decidió rechazar el reporte que decretaba que era imposible, y confiar en cambio en el Dios para quien todas las cosas son posibles.[14] Por eso no abandonó nunca, y por eso los israelitas fueron liberados de su esclavitud y entraron en la Tierra Prometida como personas libres.

DESTINO INESPERADO

Cuando enfrentamos el tipo de oposición que enfrentó Moisés, abandonar demasiado pronto es siempre una opción, pero nunca es la respuesta si Dios ha puesto algo en tu corazón, si Él te ha dado una promesa, si sabes que algo es su voluntad. Se necesita valentía para seguir creyendo y avanzando, especialmente cuando tu presente no se parece en nada a tu promesa; especialmente cuando el viaje no es nada parecido a lo que esperabas. Es entonces cuando tienes que aferrarte a *otras* promesas de su Palabra para mantenerte aferrado a la fe. Promesas como: "el que comenzó tan buena obra en ustedes la irá perfeccionando hasta el día de Cristo Jesús" (Filipenses 1:6).

Si nos mantenemos en rumbo, si proseguimos y perseveramos, y no dejamos que el temor nos haga abandonar demasiado pronto, entonces Dios completará la obra que Él comenzó en nosotros, logrando por medio de nosotros todo lo que Él desea. Ese sueño. Ese plan. Esa idea. Incluso si es salvar a millones de esclavas y esclavos en todo el mundo.

La noche en que le di las dos mantas a aquella madre, más de un millón de personas como ella se habían arriesgado a salir caminando de Siria, Irak e Irán cruzando Turquía, pagando un pasaje para cruzar el Mar Egeo en barcas hinchables cargadas en exceso que estaban diseñadas para albergar treinta o treinta y cinco personas, pero que a veces llevaban hasta cincuenta o sesenta hombres, mujeres y niños.[15] Si conseguían atravesar las aguas heladas, llegaban a las playas deshidratados, helados de frío, enfermos, y a veces muertos.

Un hombre del que nuestro equipo se hizo amigo había sobrevivido cuando la barca en la que iba chocó contra unas rocas y se hundió. Mientras la barca se desinflaba, él miró a todos los niños amontonados en medio de la barca, todos sus sobrinos, sobrinas y primos, y supo que solamente podía salvar a uno. Dolorosamente, salvó a su hermana pequeña.

Como él, esa madre que me rogaba que le diese abrigo había sobrevivido, pero el costo fue mayor de lo que yo podía entender.

Nunca he dejado de preguntarme: *¿Dónde fueron esa madre y sus hijos?* Las noticias continuaron durante meses mostrando imágenes de personas caminando a lo largo de carreteras, cruzando campos abiertos, detenidas en las fronteras, retenidas durante días, en filas para subirse a autobuses. Los líderes europeos no estaban preparados. Grecia no estaba preparada. Había miles cruzando a pie su frontera norte de camino hacia cualquier país europeo que les tendiera una mano de apoyo. En realidad, hacia cualquier lugar que fuera seguro. Y seguían llegando.

Su lugar de llegada estaba a una hora de distancia en auto de nuestras oficinas, de modo que la crisis de refugiados estaba a nuestra puerta. Más de un millón de víctimas potenciales de tráfico de seres humanos estaban siendo ubicadas en la posición más vulnerable que se pueda imaginar, y estaban dentro de nuestro alcance.

Fue una tragedia inesperada, en un acontecimiento global incomprensible, que nos impulsó a responder. De hecho, múltiples organizaciones humanitarias lo hacían. *Pero no a todos se les permitió responder.* El gobierno griego permitía ayudar solamente a agencias "establecidas".

Un giro inesperado.

Nosotros estábamos establecidos.

Como habíamos estado trabajando en Grecia desde 2008, fuimos considerados calificados para ayudar, y ahora enfrentábamos la oportunidad inesperada de salvar miles de vidas. El resultado de nuestra fe no era como la huella que imaginamos al principio. ¡*Era mejor!*

Tras ver el impacto que tuvo el primer contenedor de agua, construimos y desplegamos otros quince más a islas griegas y a otros puntos de entrada. Personas en todo el mundo hicieron generosas donaciones y proporcionaron esperanza a muchos que se encontraban trágicamente en un viaje inesperado hacia una vida nueva y diferente. Pintados de blanco, esos contenedores de agua mostraban en los costados A21 en grandes letras, y mapas que indicaban: "Estás aquí". También había mensajes de advertencia sobre los peligros del tráfico de seres humanos y números telefónicos a los que llamar si se necesitaba ayuda.

Creamos zonas de juego para niños y realizamos noches de cine familiar: cualquier cosa que pudiéramos hacer para crear una nueva normalidad y producir momentos de risas en medio de tanta incertidumbre. En cada visita al campamento me gustaba sentarme con los niños, jugar con ellos, intentar darles una probada de la niñez que habían dejado atrás. Muchos de ellos no habían sonreído en mucho tiempo, pero se reían cuando jugábamos con ellos.

Para protegerlos a ellos y a sus familias, distribuimos folletos en varios idiomas advirtiendo acerca de traficantes de seres humanos y de sus planes. También distribuimos cómics infantiles que ilustraban los peligros del tráfico para los niños en campos de refugiados, con una historia que ellos podían entender. A medida que informábamos a las familias y entrenábamos a colaboradores sobre cómo detectar a víctimas, las líneas telefónicas directas se llenaron de reportes, resultando en el rescate para muchas víctimas de tráfico. Cada persona que estuvo segura mediante la prevención o restaurada mediante nuestro cuidado era una preciosa vida que

Dios le había permitido alcanzar a nuestro equipo. Y cada persona era alguien que no sabíamos que estaría al otro lado de nuestra obediencia tantos años atrás, cuando dijimos sí por primera vez a comenzar A21.

Esa noche mientras conducíamos de regreso a Tesalónica, yo estaba abrumada por cuán difícil y largo había sido realmente nuestro viaje. Habían pasado ocho años desde que Dios había dirigido mi atención a los folletos y pósteres de niñas desaparecidas en una pared de un aeropuerto; ocho años desde que sentí que Dios me impulsaba a hacer *algo*. Y debido a que lo hice, ahora estábamos logrando mucho más de lo que nunca pude haber imaginado.

Inesperado. No planeado. Incomprensible. Difícil. Destino.

Todo porque no abandonamos demasiado pronto.

LAS PROMESAS DE DIOS NO CADUCAN

A veces parece mucho más lógico abandonar que seguir teniendo fe en que suceda algo. El sueño o la promesa que Dios ha puesto en tu corazón probablemente no son lógicos. Quizá no tienes los recursos necesarios, o tal vez no sepas mucho sobre la misión. Puede que incluso no sepas dónde comenzar.

O quizá tu sueño es más personal. Quieres que alguien a quien amas sea salvo o sanado. Cualquiera que sea el sueño o la promesa, Dios cumple sus promesas, y realmente no importa si sucede o no como esperamos.

Ha sucedido *muy poco* en mi vida del modo en que pensé que sería, pero los planes de Dios han prevalecido porque nunca he dejado de creer en Él y seguir lo que Él ha querido que haga. He aprendido una y otra vez que a menudo Él hace cosas inesperadas de maneras inesperadas y en lugares inesperados utilizando a personas inesperadas.

Personas como tú y yo.

Para Nick y yo, comenzar una organización que abarcaba todo, desde rescate hasta restauración, no era lógico. Nadie estaba haciendo eso entonces, pero eso no importaba. Dios parece que en raras ocasiones nos pide que hagamos algo en lo que tenemos experiencia. Quiere que confiemos en Él, nos apoyemos en Él, y nos mantengamos conectados a Él tanto tiempo como sea necesario. Cualquier cosa que Dios haya puesto en nuestro corazón creer, desear, planear, construir, nunca es algo que hemos de abandonar.

Por lo tanto, ¿qué ha puesto Dios en tu corazón que hagas? ¿Qué te ha llamado a hacer que aún no has comenzado?

Siempre habrá oportunidades de flaquear, ralentizar o abandonar; pero hay una tarea forjada para ti, y Dios quiere que la lleves a cabo.

Sin duda, Dios no ha olvidado lo que es. Si Él lo dijo, Él lo hará. Si Él te dice que hagas algo, Él te ayudará a lograrlo. Puede que *tengas la sensación* de que toma toda una vida, pero *Él lo hará*. Y los resultados probablemente serán muy inesperados. Y con inesperados me refiero a que serán muchísimo mejores de lo que podrías esperar o imaginar.

Un par de meses después de mi viaje a Grecia, nuestra oficina de A21 allí recibió una llamada urgente directamente del Teléfono Nacional contra el Tráfico Humano. Un grupo de setenta y siete hombres y mujeres estaban siendo explotados por traficantes. Alguien en su grupo recordó el folleto que yo había distribuido mientras estaban viajando por uno de los campos y se acercó a un voluntario al que habíamos entrenado en una de las primeras islas donde se detienen refugiados.

Cada uno de ellos fue rescatado. Cada uno. Todo porque no abandonamos demasiado pronto. Todo porque proseguimos y perseveramos.

EPÍLOGO

Casi todas las mejores cosas que me llegaron en la vida
han sido inesperadas, no planeadas por mí.

—Carl Sandburg

Desde el día en que esas setenta y siete víctimas de tráfico fueron identificadas y rescatadas, Dios ha seguido haciendo lo inesperado mediante el trabajo de A21. Él ha seguido haciendo mucho más abundantemente de lo que alguna vez podríamos haber pedido o imaginado. Hemos visto a supervivientes llegar a nuestro cuidado semanalmente, y a veces incluso diariamente. Hemos sido testigos de una batalla legal que se alargó por años y que de repente terminó con un traficante sentenciado a veinte años de cárcel. Hemos visto a A21 extenderse hacia una de las peores regiones de tráfico de seres humanos en todo el mundo: el sur de Asia. Y no solo sucedió, sino que también se desarrolló en Tailandia con una coalición formada por A21, el Gobierno Real Thai, el FBI, y el Departamento de Seguridad Interior estadounidense. Hace solo once años, los expertos habían dicho que todo esto sería imposible. No difícil. No desafiante. No muy improbable. *Imposible*.

Imposible es donde Dios comienza. En cualquier cosa que Él nos haya llamado a hacer, en cualquier propósito que Él quiera que cumplamos, quiere que avancemos adelante en fe creyendo en Él y mirándolo a Él...

Para que Él pueda cumplir las promesas que nos ha dado.

Para que Él pueda expresar su poder sobrenatural en nuestras vidas.

Para que Él pueda recibir toda la gloria.

Dios quiere hacer lo imposible en nuestras vidas. Lo hizo en tiempos bíblicos, y nada ha cambiado desde entonces: no quién Él es, no lo que Él hace, no el modo en que lo hace.

Nuestra tarea es seguir creyendo que Dios es bueno, Dios hace el bien, y Dios hace que todas las cosas obren para nuestro bien y para su gloria.[1] Debemos seguir creyendo que Él aún está obrando por nosotros: ordenando nuestros pasos, abriendo puertas, sanando nuestros corazones, obrando milagros, a pesar de cómo nos sintamos o los obstáculos que enfrentemos.

Cada vez que Dios me ha llamado a comenzar algo nuevo, nunca he sentido que tuviera algo que necesitaba; y sin embargo, siempre descubro que tenía todo lo que necesitaba porque tenía fe. No fe en mí misma. No fe en otros. No fe en un sistema. No fe en una idea. Tenía *la* fe que viene de tener a Jesús viviendo en mi interior. *En Él* está todo lo que necesito, toda bendición espiritual, incluida la fe misma:[2]

En Él tengo mi vida y luz (ver Juan 1:4).

En Él tengo vida eterna (ver Juan 4:14).

En Él estoy completo (ver Colosenses 2:10).

En Él vivo, y me muevo, y soy (ver Hechos 17:28).

En Él soy redimido (ver Efesios 1:7).

En Él tengo poder (ver Efesios 3:20).

Sé que tengo acceso a todo lo que Él es y todo lo que Él provee porque Él vive en mí. Y sé que si Él me pide que haga algo inesperado, Él ya ha ido delante de mí.

Jesús vino para darnos vida, y vida en abundancia; y eso incluye la aventura de lo inesperado.[3] Cuando enfrentamos lo inesperado, Dios espera que respondamos en fe. Fe en Él. Fe verdadera. Fe viva. Fe que se apoya en el carácter de Él. Fe que cree que Jesús es quien Él dijo que es y que hará lo que Él dijo que hará.

Fe es lo único que Él realmente quiere de nosotros. Fe para confiar en Él en la aventura asombrosa, sobrecogedora e inesperada que Él ha planeado para nosotros. Incluso cuando nos sentimos intimidados, descalificados o sin recursos. Incluso cuando es cuesta arriba, doloroso, o lleno de luchas. Incluso cuando dudamos de que lo que estamos haciendo es su voluntad (sí, yo también tengo esos pensamientos).

He aprendido lo que dice la Palabra de Dios...

Que la fe en Dios agrada a Dios,[4] y que sin fe es imposible agradar a Dios. *Yo quiero agradar a Dios.*

Que la fe es la sustancia de lo que se espera, la evidencia de lo que no se ve.[5] *Yo quiero creer a Dios para todo lo que Él quiera hacer.*

Que la fe en Dios mueve montañas.[6] *Yo quiero ver montañas moverse por su nombre, para su gloria.*

La fe tiene poder inesperado: el poder que necesitamos para vivir nuestra vida cotidiana, para cumplir nuestro propósito. Sin duda, es la fe en Dios la que nos lleva a nuestro destino. Siempre.

Fe en Dios es como mantenemos nuestro corazón y nuestra mente fijos en la dirección en la que vamos. Es como vencemos lo imposible y experimentamos lo sobrenatural, igual que cada héroe bíblico que corrió esta carrera antes que nosotros:

- Abraham, que dejó lo conocido a cambio de lo desconocido (ver Hebreos 11:8)
- Sara, que concibió a pesar de su edad (ver Génesis 21:2)
- Noé, que construyó un arca cuando aún no se veía la tormenta (ver Génesis 6:14)
- Moisés, que sacó al pueblo de Egipto (ver Éxodo 6:26)
- Caleb, que confió en Dios incondicionalmente (ver Números 14:24)
- Josué, que lideró al pueblo para conquistar Jericó (ver Josué 5-6)
- Rahab, que arriesgó su vida para ayudar a los espías de Dios (ver Josué 2)
- Débora, la jueza que impartió sabiduría durante más de treinta años (ver Jueces 4)
- David, que derrotó a Goliat contra todo pronóstico (ver 1 Samuel 17)
- Ester, que arriesgó su vida para salvar a los judíos en el imperio persa (ver Ester 5)
- Daniel, que temió a Dios más que al rey (ver Daniel 6)
- Sadrad, Mesac y Abednego, que soportaron las llamas (ver Daniel 3)
- María, que dijo sí a ser la madre de Jesús (ver Lucas 1:38)
- El hombre en el estanque de Betesda, que recogió su camilla y caminó (ver Juan 5:1-18)

- La mujer con hemorragias, que se atrevió a tocar el borde del manto de Jesús (ver Lucas 8:43-48)
- Bartimeo, que recibió la vista y después siguió a Jesús (ver Marcos 10:46-52)
- Pedro, que salió de la barca (ver Mateo 14:29)
- Felipe, que compartió el mensaje de Jesús con un líder etíope (ver Hechos 8:26-40)
- Pablo, que viajó por el mundo para predicar el evangelio (ver Hechos 11-28)

Dios no nos pide que hagamos nada que Él no haya demostrado para nosotros en su Palabra, que no nos haya equipado para poder hacerlo, para lo cual Él no camine a nuestro lado.

No hay ninguna duda de que Dios nos ha llamado a un propósito en esta tierra. Somos hechura suya creados para buenas obras en Cristo.[7] Él ha preparado muchas cosas para que hagamos aquí. Somos ciudadanos de otro reino y, sin embargo, vivimos en este mundo tan real y afligido.[8] Dondequiera que nos encontremos, cualquiera que sea nuestra esfera de influencia, es nuestro mandato y nuestro gran privilegio traer a esta tierra un pedazo del cielo.

La aventura inesperada que tenemos por delante seguramente tiene giros que no vimos venir, donde las probabilidades se apilarán en contra nuestra, pero es entonces cuando Dios nos tendrá precisamente donde nos quiere. Perfectamente posicionados para caminar en fe; creyendo por señales, maravillas y milagros; esperando que Él haga que lo imposible sea más que posible.

La fe es el camino de salida de todo obstáculo e imposibilidad.

Pero tenemos que levantar la mirada a Dios, de quien viene nuestra ayuda (en lugar de mirar a nuestras circunstancias), para no sucumbir al temor.[9] Yo he escuchado los fuertes pasos del temor que me persiguen en cada paso que he dado. Pero he seguido adelante, creyendo que el mismo Dios que me trajo hasta aquí me llevará todo el camino hasta mi destino.

Dios nos llama a enfocar toda nuestra atención en Él: nuestro corazón, nuestra mente, nuestros ojos, e incluso nuestra boca. Cuando me diagnosticaron cáncer, declaré solamente lo que decía la Palabra de Dios sobre mi sanidad. No le di voz al temor y la duda que se burlaban de mí. Cuando Adrián y Jayne lucharon por la vida de Fraser, no le dieron voz al temor que se burlaba de ellos. No, decidieron seguir adelante en fe a pesar del temor. Dios se interesa en cómo y por qué decimos lo que decimos, y Él quiere que declaremos fe a medida que *atravesamos* el lugar donde estamos hacia donde Él nos está guiando. Él quiere que declaremos con valentía que Dios hará lo que haga falta, incluso cuando no sepamos cómo va a hacerlo. Quiere que confiemos en Él incondicionalmente.

Yo fui una muchacha sin nombre, no querida, adoptada, abusada, de uno de los barrios de menores ingresos en Sídney, y de algún modo en su misericordia y bondad, Dios ha redimido mi vida, la ha limpiado, y me ha usado para su gloria. En cada punto crítico en mi viaje, nunca ha importado lo que estaba sucediendo en el mundo en ese momento, políticamente, moralmente, socialmente o en cualquier otro aspecto. Nunca ha importado que hubiera caos a mi alrededor; nunca ha importado si tenía el equipo o los recursos; nunca ha importado que yo fuera una obra en progreso. Lo único que importaba era que yo estaba confiando en Él; que estaba poniendo mi fe en Él, avanzando en fe, creyendo incondicionalmente que su Palabra es verdad, que Aquel que prometió es realmente fiel.[10]

¿Y no es eso lo que Él hizo por todo aquel que compartió valientemente su historia en las páginas de este libro? Adrián y Jayne.

Amanda y LoriAnn. Kylie y Laura. Él nos ha sacado a todos nosotros del temor, de la falta de perdón, de la desesperanza, de la soledad, la desesperación y la decepción; y nos ha llevado a nuestro potencial, pasión, propósito y destino.

Creo que Él está haciendo lo mismo en ti en este momento.

Todos somos llamados a lo inesperado, y siempre se requerirá fe para llevarlo a cabo, pero cuando avanzamos por fe, Dios siempre peleará por nosotros y hará lo milagroso. Reconozcamos lo que Dios está haciendo por nosotros, las puertas que está abriendo para nosotros, los pasos que está ordenando para nosotros. Afirmemos su poder sobrenatural obrando en nuestras vidas. Él siempre abrirá un camino donde no hay camino, aunque puede que no sea lo que esperamos. Él siempre honrará nuestra obediencia. En todo lo que Dios me ha llamado a hacer, los milagros se produjeron *después* de que yo saliera en fe, después de que saliera en obediencia, confiando en Él.

No sé cuál es tu propósito, pero sé que tienes uno. No sé lo que Dios te ha llamado a hacer, pero sé que tienes un destino. Y sé que en cada punto crucial en tu viaje, te encontrarás en un lugar imposible con una decisión que tomar: retroceder en temor o levantarte en fe. Una te mantendrá donde estás, y la otra te lanzará a tu futuro.

Creo que después de leer este libro y permitir que el mensaje de sus páginas impregne tu vida, escogerás la fe. Creo que escogerás valientemente dejar atrás el temor, avanzar en fe, y abrazar cada parte de la aventura que Dios ha planeado para ti.

UNA ORACIÓN DE CONFIANZA

A medida que avanzas abrazando todas las aventuras inesperadas que Dios tiene para ti, te invito a hacer la siguiente oración. Hazla en fe, con valentía y con un amor apasionado por Jesús. Hazla con un corazón agradecido por todo lo que Él ha puesto en tu interior y todo lo que Él quiere hacer por medio de ti. Al hacerlo, has de saber que también yo estoy orando por ti, y juntos avanzaremos en fe, dándole a Él toda la gloria durante el resto de nuestras vidas.

Con amor, Chris

Padre, tu Palabra dice que vencemos no con fuerza y no con poder, sino por tu Espíritu. Por lo tanto, me apoyo en ti creyendo que tú estás obrando en las aventuras inesperadas en mi vida. Confío en tu bondad, a pesar de mi circunstancia. Estoy firme sobre la integridad de tu carácter, especialmente cuando enfrento lo imposible. Tú eres bueno. Tú haces el bien. Y tú estás obrando en todas las cosas para mi bien. Tú viniste para hacerme libre, de modo que creo en ti para obtener libertad, esperanza, sanidad, rescate y liberación. Decido creer que lo imposible es donde tú comienzas. Milagros es lo que tú haces. Creo en el nombre de Jesús que habrá en mi vida señales, maravillas y milagros. Creo por lo sobrenatural en cada área de mi vida: en mi matrimonio y la educación de mis hijos, en mi ministerio y carrera profesional, en mis amistades y mi comunidad. Dios, tú eres mayor que cualquier cosa que enfrente. Me niego a fijar mis ojos en el obstáculo y el enemigo, y en cambio elevar mi mirada a ti. Declararé tus palabras de vida y verdad, estando de acuerdo solamente contigo, creyendo que eres lo que tú dijiste que eres y que harás lo que tú dijiste que harás. Tú eres fiel. Tú harás grandes cosas. Eso es quien tú eres. Eso es lo que tú haces. Por tu gracia, viviré por fe. Por fe, creo que tú cumplirás tu propósito para mi vida, que llegaré al destino que tú planeaste para mí todo el tiempo, y te daré toda la gloria en todo lo que hago mientras viajamos juntos hasta allí. Oro en el nombre de Jesús, amén.

RECONOCIMIENTOS

Hay muchas personas involucradas en llevar a término un proyecto como este. Sin duda, no podría haberlo hecho yo sola. Estoy muy agradecida por mi aldea, por cada uno que ha aportado a la mesa sus dones y talentos, su sabiduría y brillantez, con un corazón tan lleno.

A mi esposo Nick, y a nuestras hijas, Catherine y Sophia: ustedes son los regalos más preciosos de Dios para mí, mis mayores amores, y la alegría de mi vida. Su amor y su apoyo durante el largo y arduo proceso de escritura significan todo para mí.

A Adrián y Jayne, Amanda-Paige, LoriAnn, Kylie, y Laura: gracias por permitirme compartir sus historias. Su vulnerabilidad y generosidad ayudarán a muchos.

A nuestros equipos, voluntarios, colaboradores y patrocinadores de A21, Propel, Iglesia Zoe, y Equip & Empower: cambiar el mundo con ustedes una vida tras otra es el mayor privilegio y honor de mi vida. Gracias a todos los miembros del equipo que estuvieron de acuerdo en ser entrevistados, que confirmaron hechos e historias. Su contribución no tiene precio.

A Elizabeth Prestwood: eres la escritora más asombrosamente colaboradora del planeta tierra. Sin ti, este libro no sería lo que es. Eres un regalo. Sigamos haciendo esto.

A Kristen Morse y Rebekah Layton: gracias por leer más borradores de este libro de los que cualquiera debería leer nunca. Sus perspectivas, sugerencias y comentarios ayudaron más de lo que podrán saber nunca. Les amo mucho a las dos.

Al equipo de Zondervan: es un honor trabajar con ustedes. Su compromiso y dedicación han sido muy valiosos para el resultado de este libro. Gracias por creer en este proyecto desde el principio, y por estar dispuestos a ir adelante con otro título que empieza por "In". Gracias, Sandre Vander Zicht, por tu aliento desde el comienzo. Gracias, David Morris, por tu apoyo y por creer en un libro más. Gracias, Tom Dean, Alicia Kasen y Robin Barnett junto con todo el increíble equipo de mercadeo, por sus ideas innovadoras y creativas para extender el alcance de *Inesperado*.

A Joyce Meyer: tu amor incondicional ha sido una de las mayores bendiciones inesperadas de mi vida. Me has amado y alimentado como si yo fuera de los tuyos. No sería quien soy si no te hubiera conocido. No estaría donde estoy si no hubieras creído en mí, me hubieras apoyado, alentado, aceptado, corregido y guiado. Las palabras nunca podrían expresar mi gratitud hacia ti o por ti. Te amaré siempre.

A mi Salvador Jesucristo: gracias por guiarme por lo inesperado y sanarme para que pudiera confiar en ti en medio de todo. ¡No puedo esperar a lo siguiente!

A ti: estoy muy agradecida de que hayas leído este libro y confíes en mí en cuanto al mensaje que Dios puso en mi corazón. ¡Gracias por seguir tu propósito con anticipación por todo lo inesperado que hay por delante!

NOTAS

Capítulo 1: Cuando lo inesperado interrumpe

1. Romanos 8:28.
2. Santiago 1:17.
3. 1 Timoteo 6:12.
4. Juan 16:33.
5. Colosenses 3:15.

Capítulo 2: Cuando lo inesperado produce temor

1. Romanos 8:15.
2. 1 Juan 4:4.
3. Proverbios 15:24.
4. 1 Juan 4:8, 18.
5. 1 Pedro 5:7.
6. Salmos 121:4.
7. Mateo 6:9-13.
8. Daniel 3:27.
9. Gálatas 5:22-23.
10. Lucas 22:42.

Capítulo 3: Cuando lo inesperado decepciona

1. Lucas 24:17.
2. Lucas 24:17.
3. Lucas 24:18.
4. Lucas 24:19.
5. Lucas 24:31.
6. Lucas 24:33.

Capítulo 4: Cuando lo inesperado traiciona

1. *Unashamed* (Inavergonzable) de Christine Caine, capítulo 8, "He Healed My Mind (Él sanó mi mente), pp. 133–47.
2. Deuteronomio 31:16; Hebreos 13:5.

3. Proverbios 18:24.
4. Romanos 8:28.
5. Hechos 8—10.
6. Lucas 23:34.

Capítulo 5: Cuando lo inesperado desilusiona

1. Santiago 4:8.
2. Juan 14:6.
3. Mateo 5:4; 2 Corintios 1:3-5.
4. http://www.insight.org/resources/bible/the-minor-prophets/Zechariah.
5. Hebreos 10:35.
6. Jeremías 29:11.
7. Mateo 9:24.
8. Isaías 61:3; Salmo 103.
9. Proverbios 13:12.
10. Efesios 3:20-21.

Capítulo 6: Cuando lo inesperado desalienta

1. Números 33.
2. Josué 5:6.
3. *New American Standard Exhaustive Concordance of the Bible* (Nashville: Holman Bible Publishers, 1981), p. 446.
4. Números 14:30.
5. Números 13:27.
6. Éxodo 13; Números 11; Números 20.
7. Hebreos 11:1.
8. 1 Pedro 5:7.

Capítulo 7: Cuando lo inesperado requiere riesgo

1. Salmos 37:23.
2. Números 13—14.
3. Génesis 15.
4. Santiago 2:23.
5. http://lists.ibiblio.org/pipermail/b-hebrew/2008-September/036236.html.
6. 1 Samuel 17:4.
7. 1 Samuel 17:50.
8. Salmos 121:1-3.

9.   2 Crónicas 20:15.
10. http://www.prb.org/Publications/Articles/2002/JustHowManyBaby-
     BoomersAreThere.aspx; https://www.census.gov/newsroom/press-relea-
     ses/2015/cb15-113.html.

Capítulo 8: Cuando lo inesperado es incremental

1.   Isaías 6:8.
2.   Zacarías 4:10.
3.   2 Corintios 5:7.
4.   Isaías 49:16.

Capítulo 9: Cuando lo inesperado llama a un cambio

1.   Salmos 121:1.
2.   Efesios 3:20.
3.   http://www.motherteresa.org/biography.html; https://www.nobelprize.
     org/nobel_prizes/peace/laureates/1979/press.html (Mother Teresa).

Capítulo 10: Cuando lo inesperado sobrepasa lo que imaginamos

1.   El nombre de Alan se reportó incorrectamente originalmente como
     "Aylan" en las noticias. https://www.wsj.com/articles/image-of-syrian-
     boy-washed-up-on-beach-hits-hard-1441282847; https://www.nytimes.
     com/2016/03/05/world/europe/syrians-sentenced-aylan-alan-kurdi.
     html.
2.   http://www.independent.co.uk/news/world/europe/aylan-kurdi-s-
     story-how-a-small-syrian-child-came-to-be-washed-up-on-a-beach-in-
     turkey-10484588.html.
3.   Mateo 9:20-22.
4.   Hechos 16:16-18.
5.   Éxodo 3:11-12.
6.   1 Juan 4:4; Filipenses 4:13.
7.   Éxodo 3:12-22.
8.   Filipenses 4:13.
9.   Éxodo 4:10-12.
10. Éxodo 4:12.
11. Éxodo 4: 13-17.
12. 1 Timoteo 6:12; Efesios 6:13; Romanos 8:28.
13. Hebreos 11:27.
14. Marcos 9:23.

15. https://www.pri.org/stories/2015-10-09/beautiful-turkish-tourist-town-now-home-boats-stuffed-refugees-and-migrants.

Epílogo

1. Romanos 8:28.
2. Efesios 1:3.
3. Juan 10:10.
4. Hebreos 11:6.
5. Hebreos 11:1.
6. Marcos 11:23.
7. Efesios 2:10.
8. Filipenses 3:20.
9. Salmos 121:2.
10. Hebreos 10:23.